ウィズ・セイビア

―救世主とともに―

宇宙存在ヤイドロンのメッセージ

大川隆法
RYUHO OKAWA

まえがき

不思議な書物であろう。

関心のある人々には、「ここまで秘密を明かしてくれるとは。」と喜ばれ、関心のない人々には、「もう、何でもありなんですね。」と渋面《じゅうめん》を見せられることだろう。

宇宙存在ヤイドロンからのメッセージである。

彼が、メタトロンやR・A・ゴールと共に、私に最も近い宇宙存在であり、UFOもしくは母船《ぼせん》から、常に、私の身辺《しんぺん》警護にあたっている。

その理由は、既刊の『大中華帝国崩壊《ほうかい》への序曲』をお読みになれば分かるが、私の活動を、悪意をもって止めようとしている霊存在もいるからである。地球系の文援霊だけでは、力が及ばない場合もあるのだ。
「幽霊も信じられないのに、宇宙人もですか。」と言う人もあろう。しかし、米トランプ大統領が、ＵＦＯと宇宙人の存在を正式に公表したのは、今年である。真実は、もう隠せなくなってきたのだ。

二〇二〇年　八月三十日

幸福《こうふく》の科学《かがく》グループ創始者兼総裁《そうししゃけんそうさい》　大川隆法《おおかわりゅうほう》

ウィズ・セイビア　救世主とともに　目次

第1章　ウィズ・セイビア　救世主とともに
――宇宙存在ヤイドロンのメッセージ――

二〇二〇年八月二十三日　収録
幸福の科学　特別説法堂《せっぽうどう》にて

第2章　宇宙から観《み》た地球人

――ヤイドロンの霊言《れいげん》――

二〇二〇年八月二十四日　収録
幸福の科学 特別説法堂にて

「霊言現象《れいげん》」とは、あの世の霊存在等の言葉を語り下ろす現象のことをいう。これは高度な悟《さと》りを開いた者に特有のものであり、「霊媒現象《れいばい》」（トランス状態になって意識を失い、霊が一方的にしゃべる現象）とは異なる。外国人霊や宇宙人等の霊言の場合には、霊言現象を行う者の言語中枢《ちゅうすう》から、必要な言葉を選び出し、日本語で語ることも可能である。

なお、「霊言」は、あくまでも霊人《れいじん》の意見であり、幸福の科学グループとしての見解と矛盾《むじゅん》する内容を含《ふく》む場合がある点、付記しておきたい。

第1章　ウィズ・セイビア　救世主とともに

――宇宙存在ヤイドロンのメッセージ――

二〇二〇年八月二十三日　収録
幸福の科学　特別説法堂《せっぽうどう》にて

ヤイドロン

マゼラン銀河・エルダー星の宇宙人。地球霊界《れいかい》における高次元霊的な力を持ち、「正義の神」に相当する。エルダー星では、最高級の裁判官 兼《けん》 政治家のような仕事をしており、正義と裁きの側面を司《つかさど》っている。かつて、メシア養成星《せい》でエル・カンターレの教えを受けたことがあり、現在、大川隆法として下生《げしょう》しているエル・カンターレの外《げ》護《ご》的役割を担《にな》う。肉体と霊体《れいたい》を超越《ちょうえつ》した無限の寿命《じゅみょう》を持ち、地球の文明の興亡や戦争、大災害等にもかかわっている。

［質問者三名は、それぞれA・B・Cと表記］

1　宇宙の守護神的存在・ヤイドロンからのメッセージ

大川隆法　おはようございます。今日は、霊言《れいげん》といっても、普通《ふつう》のものとはちょっと違《ちが》うのですけれども、よくお世話になっている方で、宇宙存在のヤイドロンさんからメッセージを頂こうかと思っています。

　コロナウィルスが流行《はや》る前には、宇宙からも幾《いく》つかメッセージはあったのですが、半年以上が過ぎ、今、八月の終わりに向かおうとしていますので、これから先のいろいろなことについて、考えていることや感じていることがあるのではないかと思います。

　よく意見を頂いているわりには、いつも「縁《えん》の下の力持ち的な仕事」が多く、ちょっと手に負えないというか、困

●よくお世話に……　大川隆法総裁周りの24時間体制の警護をはじめ、総裁の仕事を妨害する悪霊《あくれい》・悪魔《あくま》や生霊《いきりょう》の撃退、国内および海外巡錫《じゅんしゃく》における護衛等の仕事を担っている。公開霊言・UFOリーディング数も25回以上に上る。『イエス ヤイドロン　トス神の霊言』（幸福の科学出版刊）参照。

ったようなときに来て、意見を言ってくださっているので、公式の霊言はあまりないのです。そのため、映像を撮《と》っての公式バージョンはそんなにはありません。

今日は、「ウィズ・セイビア」「救世主とともに」ということになっています。小《こ》池《いけ》都知事が「ウィズ・コロナ」などと言い出してから、「ウィズ・コロナの時代」ということで、ずいぶんいろいろと出てきていますが、あまりいい英語ではないような気がしてはいます。

今日は、「ウィズ・セイビア」「救世主とともに」という、少々違う言葉で話をしてもらおうかと思っています。守護神的存在ではありますので、いつもこういうことが念頭にはあるのではないでしょうか。

また、その姿自体はまだ隠《かく》されたものではありますので、おそらく、歴史的にも、天上界《てんじょうかい》にいる高級霊からいろいろな霊示《れいじ》が降りているだけでなく、時折、こういう方々の声も降りていたのではないかと思っています。

地球産の霊人《れいじん》では言えないようなことも、客観的に、冷静に、緻密《ちみつ》に判断されることがありますので、参考になるかと思います。

そのようなわけで、われわれが気がつかないようなこと等を言ってくだされば、ありがたいかなと思っています。

いつもは、ＵＦＯの写真や映像などと一緒《いっしょ》に出てくることが多いのですけれども、それからは少し離《はな》れて、さあ、質問者のみなさんのお訊《き》きになる能力がどこまであるでしょうか。マスコミのインタビュアーのようなプロフェッショナルではないので、どの程度できるかはちょっと分かりません。〝地球産の発想〟で訊きすぎて、怒《おこ》られるかもしれません。

それでは、そろそろ、これから先のことについても言っておきたいことがありそうな感じなので、お願いしようと思います。

では、宇宙からのメッセージとして、ヤイドロンさんからのお言葉を頂きたいと思います。

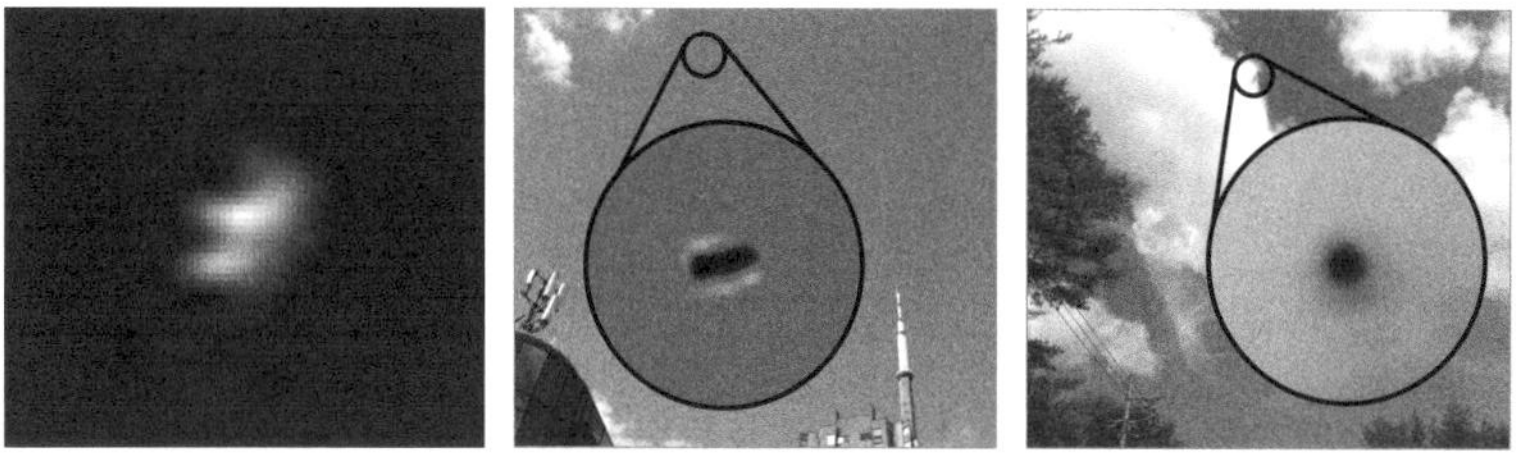

今までに撮られたヤイドロンのUFOの写真や映像の一部。左から、2018年９月24日（映像）、2019年10月４日〔日本時間10月５日〕カナダ・トロント（写真）、2020年７月２日（写真）。

ヤイドロンさん、ヤイドロンさんよ。

幸福の科学に、そのお声を降ろしたまいて、われらを通して、関心を持っておられる人々に、何らかの伝えるべきメッセージがあれば、よろしくお願いいたします。

（約十秒間の沈黙《ちんもく》）

2　コロナウィルス問題をどう見ているか

新型コロナウィルスは自然発生のものではない

ヤイドロン　ヤイドロンです。

質問者A　おはようございます。本日は、まことにありがとうございます。

ヤイドロン　はい。

質問者A　本年、二〇二〇年は、まさに「未来への分岐点《ぶんきてん》」「文明の分岐点」といわれています。

昨年末より、「非常に大きなことが起きる」ということが予言されていましたけれども、まず第一に、新型コロナウィルスの問題が、全地球的に襲《おそ》ってきました。これは同時に、中国の問題でもあり、米中の覇権《はけん》戦争も、今、激しくなっています。そうしたなか、まず、「コロナの問題は、この先どうなるのか」「人類の未来はどうなるのか」というところが、今、人々の大きな関心事《かんしんじ》であろうと思います。このあたりの見通しといいますか、今後の状況《じょうきょう》について、お話しいただければ幸いです。

ヤイドロン　まあ、われわれから見ると、「地球人たちが、少し精神に異常を来《きた》して、集団自殺でもしようとしているのかな」というような感じには見えておりますけどね。

この、全世界に広がったコロナウィルスは、われわれから分析《ぶんせき》するかぎりは、やはり自然発生のものではありませんので。責任逃《のが》れのために、自然発生的に偶然《ぐうぜん》起きたかのような言い方を、だんだん強めているようには見えるんですけど、そういうものではないと思います。

「人間が、他の人間に病気を広げて、死に至らしめることを目的に開発したものである」と思っております。この点に関しては、われわれの考えは揺《ゆ》らぎません。

まあ、あなたがたの霊言《れいげん》その他でも、そういう言い方をしていることが多いと思いますが、地上の人間たちは、情報操作、攪乱《かくらん》のために、「自然に起きたものだ」とか、「いろんな国で同時に起きたもの」とか、いろんなことを言っていると思いますが、すべては責任回避《かいひ》であって、「つくられたものであり、明確に、世界的な危機を起こそうとして、ばら撒《ま》かれたものである」と感じています。

ワクチンの開発で、すぐ終わるようなものではない

ヤイドロン　その結果がどうなるかについては、まだ現在進行形ではありますけれども、今、公式には二千数百万人に感染《かんせん》とのことであります。最初の霊言等で降ろされたときには、まだ、本当に一万人、二万人、三万人とか、そのくらいの数字で

あったと思いますが、今、二千数百万人まで行っていますし、検査ができていない所もそうとうありますので、現実にはもう少し広がっているはずで、億の単位に突入《とつにゅう》していくのは時間の問題かと思います。

幸いにして、致死率《ちしりつ》がまだ半分とか、そんなところには行っていないので、罹《かか》っても治る方もいるし、障害を持っている者や年齢《ねんれい》を重ねている者が死にやすいパターンが、多く出ているというふうには聞いております。

今、ワクチンの開発等を各地でやっているとは思いますけれども、（ウィルスは）どんどん変種していっているので。いろんなところを、民族の間を渡《わた》り歩いてうつっているうちに、人間のほうが抵抗力《ていこうりょく》といいますか、免疫力《めんえきりょく》をつけてくるので、向こうのほうも、これをまた打ち破るためにちょっとずつ変種していっているので、ワクチンの開発ですぐ終わるというようなものではないかもしれませんね。

まあ、こういうものが流行《はや》っているときには、「なぜ、それが流行ったのか」という面を、もちろん、仕掛《しか》けた側の責任もございますけれども、仕掛けられたほうの側も含《ふく》めて、「地球的にどういう問題があるのか」ということを考えることが大事なのではないかと思います。

「第二波以降はどうなるか」を見通す

ヤイドロン　具体的なことをお訊《き》きになりたければ、質問を重ねてください。

質問者Ａ　まず、今、直近の関心は、おそらく、「第二波というのは、どのくらいの規模で世界をまた覆《おお》うのか」ということであろうと思います。

現在、実際に、致死率は最初のころよりも落ちており、被害《ひがい》度はそれほど大きくないわけです。

これが、次にまた猛威《もうい》を振《ふ》るい始めるか否《いな》か。猛威を振るい始めるとしたら、どのくらいの規模になってくるのか。このあたりが関心事であろうかと思いますが、いかがでしょうか。

ヤイドロン　いやあ、はあ……（息を吐《は》く）。まあ、現実には、「第三次世界大戦を通り越《こ》して、第四次世界大戦に入っているのかな」と思ってはおるんですけどね。

本来、第三次世界大戦が、核《かく》兵器を使った大量殺戮《さつりく》を伴《ともな》うものになるであろうと予想されていたんですが、まあ、核兵器はまだ存在していますけれども、どこも一方的なゲームにするには難しい状態であるので。「使ったら、どこが使ったかが分かる状態にあるため、反撃《はんげき》を許してしまう」ということで、自分たちのほうもかなりの被害が出ることが分かっているので。

こうしたウィルス性の攻撃《こうげき》だと、「犯人が分からない」というか、「加害者が分からない」というところですね。そういうことで、まだ核兵器の選択《せんたく》も残ってはいるんですが、まずこれで、世界の混乱を起こそうと思った者がいるということは、確実であると思いますね。

特に、今、被害がいちばん大きいのがアメリカだし、ブラジルだし、ヨーロッパ、そして、インド、このあたりは被害が大きく出ておりますので。まあ……、「証拠《しょうこ》を残さずして、そういうものを試みているという感じなのかな」というふうに見ています。

ですから、「第二波以降はどうなるか」とのことですが、うーん……、もしですねえ、その仕掛けたところがそれを認めない場合に、仕掛けられた側が、また同じような攻撃をする可能性もないわけではないということですね。

責任の所在がよく分からないウィルス攻撃に対して〝熱い戦争〟を仕掛けるというのは、なかなか合意を取るのが難しいところもあるので、場合によっては、今度は別の国が、こうした〝ウィルス戦争〟を仕掛ける可能性もあるのかなと思っています。その場合は、もう分かりにくくなるし、先は、どこまで行くかは分からないところはありますが。

まあ、とにかく、人類は今、七十八億人ぐらいまで増えてはきているんですが、このまま増え続けたら、「食料とエネルギーの問題」に打ち当たってくることは感じているのと思うんですね。

自国だけが生き延びたいという気持ちもあるんだろうとは思いますけれども、それは許されないということもあって。世界中で人口が減る方向で、今後いろんなことが起きるかもしれませんね。

まあ、こういう問題は、ガラス張りではなくて、分からないところで検討されていることが多いので。

今回、いちばんのショックは、世界一の都市であると思われるニューヨークの被害がいちばん大きかったというところで、これは、イスラム・テロ以来のことではあったかと思いますね。

世界は、連携《れんけい》することによって強くなろうとしていたんですけれども、こうしたコロナウィルス的なものが流行れば……。例えば、普通《ふつう》は、EUのように、何十カ国もが一体化して、国境を越えてつながるようになっているようなものが、経済的には強くなると考えられているやり方なんですけれども、国境閉鎖《へいさ》ができなくなってくるために、こうしたウィルス攻撃などにはとても弱くなるということですね。

まあ、そういう現象が出てきていて、人類の相互《そうご》不信が生まれ、さらに、人と人が距離《きょり》を取らなければならないというようなことが起きているわけで。今までの価値観とは逆のことですね。「愛しているなら、距離を取ってください」みたいな感じになってきておりますので、一つの「価値観の転倒《てんとう》」が起きようとしているのかなと思います。

「人類が集団自殺をしたがっている」が意味することとは

ヤイドロン　日本は、これに対しては、大きく後《おく》れていると思います。
ただ、二十五年ほど前に、悪い新興宗教団体が毒ガス攻撃のようなものでテロを志したことがあって、これが、かなり、世界にインパクトを与《あた》えてしまったことはあると思います。そうした、サリンの攻撃から生物兵器による攻撃まで、一グループが、一定の資金があればできるということを見せてしまいました。

こういう化学兵器や生物兵器による攻撃は、「貧者《ひんじゃ》の核兵器」ともいわれておりますけれども、例えば、今、世界は、核開発に関しては目がうるさくなっていますが、このスタイルの攻撃であるならば、そういう目をかいくぐって起こすことができるということもありますね。毒ガス等は、シリア方面でも、もうすでに使われておりますしね。毒ガスとかウィルス攻撃等が起き始めたら、まあ、収拾《しゅうしゅう》がつかない状態にはなるかと思います。

そういう意味で、最初に申し上げましたように、「人類が集団自殺をしたがっているのかな」ということも、私などは感じておりますので、「これは、新しい価値観を広げる必要があるのかな」というふうに思っています。

そのもとにあるのは、やはり、「この世だけの生存ということを考えている」ということで。この世的なだけの生存を考えるときに宗教戦争が起きたときもありましたが、「民族だけの存続」ということを考えて、「国だけの存続」を考えるということですね。

まあ、そういう考え方があるのかなというふうに思っております。

だから、「第二波はどうなるか」ですけれども、第二波、第三波、いろんなものが起きてくるので、ちょっと分かりかねるんですが……。

これ以外にも、例えば、洪水《こうずい》が起きたり、バッタが大量に発生したり、熱波《ねっぱ》が来たりと、いろんな現象が起きておりまして、これはいったい何によるものなのか、分からない方々も多いかと思っています。

日本人が知らないところでは、台風、サイクロン、そうした巨大《きょだい》な被害をもたらすようなものなんかもですね、つくる研究が行われているところもございますので、やがては、こういうものも、「自然のものか、そうでないものか」が分からなくなってくるかもしれませんね。

いずれにしても、少なくとも、「ある人が幾《いく》つか手を打つ方法を考えているとして、『七十八億の人口を、例えば五十億にまで減らすには、どうしたらいいか』ということを自由に考えられるとしたら、やれるであろうと思うことが、いろいろと起きてくるかもしれない」ということが言えますね。
それが、第二波以降のことです。

3　危機の時代に現れるセイビア

人類は、今、立ち直りを要請《ようせい》されている

質問者A　コロナウィルス問題は、人為的《じんい》に始まったと考えられますけれども、現状では、その「五十億に減らす」という考えのなかで、天上界《てんじょうかい》の意志として、別のもの、天変地異的なものは、「実際に起こされるもの」となっているのでしょうか。

ヤイドロン　やはり、この地上での生活というのは、まあ、あなたがたはもうすでに探究してはおりますけれども、「魂的《たましいてき》存在としての実在界から、肉体に宿って生存する」という実験場《じょう》として用意されている、学習場としての教室であるわけなので、「それにふさわしい環境《かんきょう》であるかどうか」ということは、いつも検討されてい

るわけで。「厳しいときには、文明の終焉《しゅうえん》が来ることも、大陸レベルでの陥没《かんぼつ》等が起きることもあった」ということですね。

それ以前の段階として、人間が起こすものとしては、例えば、「文明の進んだものが、劣《おと》った民族等を滅《ほろ》ぼす」というようなことは起きていますわね。

例えば、スペインとかが南米まで行って、そこの民族の文明というか、王を中心とした文明を滅ぼすというようなことが起きてはいますわね。あるいは、ヨーロッパが、インドなどのアジアの国等を植民地にしてきた流れもありますよね。

そういう、「ある民族を奴隷《どれい》階級に落としていく」というようなことは起きているし、今、続いているユダヤ人問題だって、かつてエジプトの奴隷になった種族たちの問題ではありますわね。

こういうふうなレベルで行われることもありますね。

それから、今となっては、もはや言ってもしかたのないことではあるけれども、中世なんかのペストの流行や、古代における天然痘《てんねんとう》の流行その他ですね、新しい病気が流行《はや》るみたいなことがいろいろ起きていて。その原因は、当時の人たちは、おそらく究明できなかったであろうとは思いますけれども。

交通の便が悪かった時代には、「あるところの住民にとっては抵抗力《ていこうりょく》のあった、免疫《めんえき》のあった病気が、ほかの民族にとっては免疫がない」ということもあって、「そういうものが広がって、人口減を持ち来たらす」というようなことがありましたわね。

例えば、ペストなんかも、ちょうど宗教戦争が盛《さか》んなころに起きていますわね。イスラム圏《けん》とキリスト教圏が激しく戦ったり、それから、キリスト教圏でも、新教と旧教が激しく戦っているとき等に起きていますので。これは、「異国の病気を持ち込《こ》まれた」ということで、戦争という契機《けいき》で人種間の衝突《しょうとつ》が起きたときに、そういうものもあったということですね。

この裏側については、全部は明らかにはなっていませんが、「ときには、一つの民族や国が滅びることもある」ということですね。そういう歴史はいっぱいあります。

だから、今のこうしたウィルス戦争等は、まだ最終段階までは来ていなくて、「文明の消滅《しょうめつ》」が最終段階ですので、これまでの間には、まだちょっと何段階かがあると思います。

「その間《かん》に、人類に何らかの立ち直りを要請《ようせい》している」と思ってよいのではないかなと思っています。

危機だからこそセイビアが現れ、宇宙の意志が明らかにされる

質問者B　本日は、まことにありがとうございます。

先ほどのお話にあった、「地球が集団自殺に向かっている」といったところに関しましては、ヤイドロン様のような宇宙存在の方から見ると、地球人同士の、この世的な価値観での争いだったりすると思います。

本日のご演題で頂いている「ウィズ・セイビア」のように、救世主のような方々

の思いを考えたとき、地球の本来のあり方とは違《ちが》う、あまりにも逸《そ》れている部分が多くなっており、「地球人全体を一人の人間にたとえたら、反省ができていない状態なのかな」というように、お話を聞かせていただいて感じているところです。

そういった「集団自殺に向かっているような状態」を食い止めるために、われわれが地球人としてこれからすべきことについて、何かヒントを頂ければと思っております。

ヤイドロン　われわれの側からすればですね、「地球の文明には、平時は介入《かいにゅう》してはならない」ということになっているので、地球の人たちが好きにやるようにさせて、観察はしているんですけれども。まあ、例外規定があってですね、「人類の存続に大きな問題が出てくるようなときには介入できる」ことにはなっていて、ある意味では、そういう条件といいますか、われわれが姿を現したり、意見を述べたり、方向性を変えたりする機会でもあるわけです。

ですから、「二〇二〇年、ゴールデン・エイジ」と言っていて、「世界的に悪いことがいっぱい起きているのに、なんでゴールデン・エイジなんだ」という考え方はあると思うんだけれども、われわれからすれば、今、本格的に地球に介入する機会が与《あた》えられてきたので、頑迷《がんめい》な地球人に対して、本当に、「宇宙の文明を持っている人たちが、どう考えているのか」、あるいは「宇宙の意志は、どういうふうに働いているのか」を伝えるチャンスでもあるわけですね。

だから、人類にとっては危機だけれども、危機だからこそセイビアが現れてくるし、宇宙の意志が明らかにされてくるときでもある。

その意味で、「今まで地球人だけの独自の考え方で運営されていた、この星に対して、ある意味で〝チェインジ〟のチャンスが与えられている」ということですね。「考え方に行き詰《づ》まりがある」ということ、「自分たち自身でつくった考え方に対立があって、それを解消できないのであるならば、それ以外の力が働いてくることもある」ということを教えようとしている。

今回のウィルスは、要するに〝共産主義ウィルス〟ですので、共産主義というウィルスが一八〇〇年代の後半から地球に広がり始めて、それが侵食《しんしょく》してきて、地球のあらゆるところで戦ってきているわけですね。

〝共産党ウィルス〟〝共産主義ウィルス〟というものが、神を信じる者という〝信《しん》仰《こう》遺伝子〟を食い尽《つ》くそうとして、広がっている状態です、別の目で見ればね。

〝神を信仰する遺伝子〟を持っている者を食い尽くそうとしているので、「この共産党ウィルスを、何とかして無害なものにするか、消滅させるかしなければいけない」という客観的な舞台《ぶたい》が、今、与えられようとしているのではないかなと思っています。

人類は、「どのあたりで神の名を呼ぶか」を見られている

質問者Ｃ　今、お話しいただきました〝共産主義ウィルス〟〝共産党ウィルス〟を無害化する、あるいは消滅させる方法は、やはり、最終的には「思想戦」のレベル

に入っていくのでしょうか。

ヤイドロン　基本的には、やはり、「神の存在を感じさせなくてはいけない」ということだと思うし、「神の存在を感じさせるための神秘現象というか、奇跡《きせき》が起きなくてはいけないし、より進歩した者たちから、もう一段、高次元の考え方や思想が伝えられなければいけない」ということですね。

その意味で、二十世紀中には十分に起きなかったかもしれませんが、「世紀末現象が少し遅《おく》れて、二十一世紀には起きるだろう」ということではありますね。

これと人類は戦わなければいけないが、「どのような価値観を選ぶか。どのような思想を選ぶか」によって、結論は変わってくる。

このための、人類相互《そうご》の自由意志の相克《そうこく》が起きるということですね。

今、セイビアは現れて意見を発信していますが、まだ世界のそうした悪質な思想的ウィルスを殲滅《せんめつ》するところまでは行っていないし、無害化するところまで行っていない。

正確なことを知れば、この考え方自体が間違っているということ、唯物論《ゆいぶつろん》・無神論、あるいは不可知論《ふかちろん》等は、すべて、そうした救世主的存在や、その存在に力を与えているわれわれ等の考えから見れば、間違っていることは明白であるにもかかわらず、これを人類が受け入れられなかった場合、ありとあらゆる災《わざわ》いは起きてくるであろうと思われます。

「どのあたりのところで神の名を呼ぶか」というところが、見られていると思いますね。

4　今、始まっている〝知識共産主義〟との戦い

唯物論《ゆいぶつろん》国家・中国を待ち受ける「三つの戦い」とは

質問者A　今、共産党や唯物論《ゆいぶつろん》に対する戦いとして、米中戦争が起ころうとしています。ただ、それはシンプルな構造ではなくて、「アメリカも、完全に信仰《しんこう》の国になっているわけでもない」という現状を、私たちは憂《うれ》えているわけです。

アメリカ自体を見ると、ある種、中国に似てきているところもあります。トランプ大統領側の意見は完全にマスコミに封殺《ふうさつ》されてしまい、言論弾圧《だんあつ》に近い状態に陥《おちい》っていますし、民主党側は非常に左翼《さよく》的なものが強く、ある種、共産党的なものの考え方をする副大統領候補も、今、出てきております。

これでは、アメリカが中国に勝利したところで、人類が持っている唯物論的・無

神論的な傲慢《ごうまん》さがなくなるとは思えません。

本当に全体主義の危険な人間が除去されたとしても、まだ唯物論は残っていて、そちらに向かおうとしている人類がいる。このあたりに対し、「人類が、神を信じる方向へ行くために、何がこれから起こるのか、あるいは必要なのか」について、教えていただければと思います。


ヤイドロン　世界的に見ると、「貧しい地域の人のほうが信仰心が高くて、経済レベルが上がって〝人間一人当たりの値打ち〟が高まっていくと、信仰心が落ちてくる」という傾向《けいこう》は出てはいるんですけれども、例外として、アメリカという国は、経済レベルが上がった人の信仰心が高い国ではあるんですよね。

貧しい国に信仰が広がって、豊かになってくると神仏を忘れて、何て言うか、自分たちが神になってしまう傾向はあるんですけどね。

まあ、その意味での可能性がないわけではないと思ってはいます。

それと、中国の次の大国として、今、迫《せま》ってきているものはインドだと思うんですけれども、インドを無神論の国に変えるのは、そう簡単なことではないと思います。十二億、十三億の国民が、一種類の信仰ではありませんけれども、何種類も何十種類も入ってはおりますけれども、信仰心はずいぶん高い国民です。

だから、アメリカがですね、万一《まんいつ》、キリスト教的な立場における信仰心において、唯物論イデオロギーに勝てなかったとしても、次は、「インドとの価値観の戦い」は必ず起きることになっているし。

あとは、イスラム圏《けん》がどうなるかの問題もあるんですが、イスラム教も、貧しいところにずいぶん広がっています。中東からアフリカにかけて広がっていまして、一部の王族のような方々が、油田の権利等により非常に富んでいる状況《じょうきょう》があって、非常に共産主義革命が起きやすいような状況にはあると思うんですが、彼らが共産主義的な革命を起こしたとして、そして、「神がなくなるか、なくならないか」の問題はあるわけで。中国的価値観はまた、そうした「イスラム教の勢力との戦い」

も待っているわけで。

まだ、そういう意味では、人類の文明的に見れば、「アメリカ文明との戦い」「インド文明との戦い」、それから「イスラム文明との戦い」、三つの戦いを乗り越《こ》さないかぎり、唯物論・無神論の国家が世界中に帝国《ていこく》を建てるということは不可能です。

「魂《たましい》学習の場としての地球を護《まも》る」という譲《ゆず》れない一線

ヤイドロン　その三つの戦いを、われわれは、今、見守っているところで、「必要とあれば、何らかの意見を発信したり、現象を発信したりして、彼らに気づきのチャンスを与《あた》える」ということが、使命としてある者です。

それで、今、宇宙からたくさんの、いろんな種類の方々が地球に来ていて。今、地球の文明の端境期《はざかいき》なので、観察に来ている人たちがそうとう数多くいます。

一種類ではありません。ものすごい数の、高度に文明化した、地球以上に進んだ星の人たちが来ており、上野《うえの》動物園で見るように、直接、動物たちのなかに入ることなく外側から見ている状態で、今、見ていますが、一部は、私たちのようにコンタクトをして、介入《かいにゅう》し始めてはいるということですね。

まあ、宇宙的な考え方だって、多少意見の違《ちが》いがあるものもありますので、このへんのすり合わせも必要だということですね。

宇宙も、星による違いがそうとうありますので、地球人の意見が、民族ごと、国ごとに分かれて合わないことの理由は、彼らにも分かってはいるところもあるんですけど。それでも、「共通項《こう》として、やはり、こうは考えなければならない」というものはあるので、そのガイドラインは示さねばならないのかなとは思っています。

少なくとも、「この地球を、魂《たましい》学習の場として護《まも》らなければならない」という、この一線は、やはり、どうしても譲《ゆず》れないものであるし。

大きく言えば、地球だけでの魂の転生《てんしょう》実験だけでなくて、宇宙レベルで、折々に、「他の星から人類型宇宙人等が地球人に生まれ変わる」という実験や、あるいは「地球人として生きてきた人が、他の星に転生して新しい魂経験を得る」という経験を経《へ》ておりますので。

まあ、そこまで、今の地球人に理解できるかどうかは、ちょっと分かりかねますが、宇宙的真実として、そういう世界が現に存在していますので、地球人がそれを理解できようができまいが、「一定のそうした魂の学習環境《かんきょう》は、護らねばならない」ということですね。

ですから、核《かく》戦争等も、熱核戦争で本当に大量の虐殺《ぎゃくさつ》等が起きてですね、大変な時代になるようであるならば、われわれも、あえて軍事的な介入も辞さないつもりではおります。地球のそうした核攻撃《こうげき》装置等は、われわれの力をもってすれば、一週間以内には全部消滅《しょうめつ》させることは可能です。

そういう力もあるんですけれども、できれば、地球人の自《みずか》らの自由意志と責任感で、そういう判断をなしていただきたいなと思います。

その方便《ほうべん》の一つが、「救世主が出て、世紀末的な現象のなかで教えを説いて、人類に進むべき方向を示す」ということであり、「それに大勢の人がついてくるか、こないか」ということが、一つの試金石《しきんせき》ではありますね。

「知識」が権力の源泉になろうとしている現代

質問者A　今のお話でいきますと、「これから、唯物論国家はアメリカに勝つだけではなく、インド、イスラムにも勝たなければならない」ということで、そうした複数のシナリオがあるということを教えていただきましたが、まず、直近の「アメリカ対中国」について、今、最も濃厚《のうこう》なシナリオはどういうものなのか、教えていただければと思います。

ヤイドロン　もう一つの問題はですね、共産主義的な考え方は、もともと、この世的な、物質的な意味における「富の配分」の問題が議論の対象になって、「富める者と貧しい者との格差をどういうふうにすべきか。貧しい者が迫害《はくがい》されているのではないか」という考え方から、それを調整しなければならないということで、まあ、

「再分配することで平等にする」という、そういう働きとして現れたものではある。

これは、中世から近代まで続いていた、貴族制なんかで起きていた問題ですよね。

貴族制があって、一部の人だけが富んで庶民《しょみん》は苦しいままであったということで、「それなら、貴族制を打ち壊《こわ》してその富を分配すれば、みんなのレベルがよくなるのではないか」と。まあ、ごく普通《ふつう》に人が考えそうなことではある。

それ自体は、理解ができないわけではありません。

特に、王制等で、悪王が善政を敷《し》かずに人々を苦しめている、すぐ人を死刑《しけい》にしたりですね、反抗《はんこう》する者を押《お》し潰《つぶ》したりするようなことが続くようであれば、そういう革命自体も受け入れざるをえない面もあったとは思います。

ただ、現代の問題は、そうした「富の格差」の問題だけではなくて、「共産主義的な考え方が、〝知識のレベル〟で起きている」ということですね。

だから、「知識をより多く持った者が優位に立つ」ということがあって、「教育による身分格差」や、あるいは「知識を独占《どくせん》・寡占《かせん》することによる、マスコミの人類支配」というものも始まってきていますわね。

この意味では、アメリカのなかでも、共和党、民主党との戦いはございますが、要するに、貴族階級、王族でなくても、知識を持つことができる人たちがたくさん出てきておりますので、「そうした知識が、権力に代わろうとしている」ということですね。

だから、「富」が権力の源泉だった時代から、今、「知識」が権力の源泉になろうとしている時代に入っているので、これが同時並行《へいこう》しているんですね。「富の偏《へん》在《ざい》による不平等」という問題があったのが、「知識の偏在、あるいは、知識を集め、それを使うことができる権力を持った者が、民主主義制度のなかでは最強権力になるかもしれない」ということですね。

こういうことが、今、アメリカでも〝文明実験〟が行われているし、そうした知識を持った多くのパワーに対して、大統領が個人で戦わねばならないような状況が、一つでは起きている。

中国等における「専制的な知識の選択《せんたく》と押《お》しつけ」とは

ヤイドロン　もう一方では、中国みたいなところでは、知識はあっても、それを一定の価値判断の下《もと》に「洗脳する」というか、「許さない」というようなことは……。要するに、「現在の政権、あるいは支配者に歯向かうようなことには、使わせない」っていうことですよね。そういう、人間に〝ロボット化〟を命じるような権力を持つことが、武力を背景にして行われるということですね。

ですから、今日のニュースでも（報道していたように）、「香港《ホンコン》で使われている歴史教科書に、天安門《てんあんもん》事件を書くことを自主的にやめる」というか、「そんなものはなかったことにする」というようなことで、圧力がかかってくる。まあ、自分たちで、そういうものを消していくということですね。

不都合《ふつごう》なことはなかったことにする。不都合な被害《ひがい》はなかったことにする。

ですから、「習近平《しゅうきんぺい》が武漢《ぶかん》に入ってから以降、中国人のウィルス感染者《かんせんしゃ》も死亡者も出なくなって、例外として出たのは、外国から帰ってきた中国人を受け入れた所で少数のものが発生したことがある程度で、まったく中国はウィルスの制圧に成功したんだ」という、こういう考え方を出されたら、それを聞かざるをえないような状況ですね。

「本来、共産主義が倒《たお》すべき専制勢力が、実は共産主義のなかに目覚めている」ということもあるわけですね。「知識を選択《せんたく》し、押《お》しつける権力」というのも出てきている。

だから、アメリカなどでは、「自由市場《しじょう》のなかでの、知識権力の弱肉強食《じゃくにくきょうしょく》」が起きていますが、中国などでは、「自由主義の下ではない、専制的な知識の選択と押しつけ」が行われているというところですね。

今、知識がパワーとなって、それが人権弾圧として人命を奪《うば》うところまで来ていて、かつては「富」が敵だったけれども、富だけではなくなってきて、今、「知識」の問題も来ているということですね。

次の革命は「知識の独占《どくせん》」との戦い

ヤイドロン　その中国的な影響《えいきょう》は日本にも入っているし、アメリカの左翼的な、インテリ左翼による知識万能《ばんのう》主義は、日本の学界、マスコミ界にもそうとう流れ込《こ》んでいて、「事実上の無神論、唯物論、不可知論、科学万能主義」が基調になろうとしてきておりますね。

ですから、次の革命は、「王や貴族による、富の独占《どくせん》と権力の独占との戦い」だけではなくて、「知識を独占している者や、それを操《あやつ》る者をどのように調整していくか」ということが必要になってきているわけですね。

だから、私たちは、今、知識を独占している人たちが持っていないものを、この「宗教」や、あるいは「宇宙からのメッセージ」として発信して、彼らの権力を、要するに無力化しようとしているところなんですね。

トランプ大統領も、先日、UFO《ユーフォー》が地球に来ている証拠《しょうこ》として、三つぐらいの例をペンタゴンの記録から出してですね、「地球に、地球外生命体が乗っていると思われるＵＦＯ《ユーエフオー》、未確認飛行物体が飛来している」ということを、大統領として初めて公開しました。

彼はもうちょっと情報を持っていますから、出してくる可能性があると思いますが、これは、「知識の独占」によって人民を支配しようとしているものに対して、風穴を開《あ》けようとしているということですよね。

彼には、地球霊界《れいかい》における高級霊からのインスピレーションも降りておりますけれども、「実は、歴代大統領に、宇宙から一定のメッセージは届いている」ということをずっと隠《かく》してきたものを、今、彼は開けようとし始めていますので、そういうことによって、現在の〝知識共産主義〟のようなものが破れてくる可能性がありますね。

ですから、知識を独占するマスコミ等が、必ずしも人民の味方ではなくなってきていて、彼らの欲望の対象になってきているということですね。人民から購読料《こうどくりょう》、あるいは視聴料《しちょうりょう》を徴収《ちょうしゅう》する目的で、支配する階級が出てきて、その階級は人民を支配することもできるが、同時に、「権力者を骨抜《ほねぬ》きにして傀儡《かいらい》にすることもできる権力」になろうとしてきているということですね。

マスコミ等を無力化する「宇宙人のメッセージ」

ヤイドロン　そうしたマスコミが支配できないために、アメリカの大統領はツイッターという一種の方法で意見を発信はしているけれども、大統領の意見であっても、ツイッター社の考え方で削除《さくじょ》することができるという、これまた恐《おそ》ろしい権力が存在しているわけですね。

自由にはしゃべらせてくれない。自由に自分の言論を届けることができないということですね。他の媒介《ばいかい》を通さないかぎり、届けることができないようになっているわけで。もう一つの戦い、「富の分散、あるいは格差による戦い」だけではない、「知識の集積と分散による戦い」も起きているということですね。

これに対しては、〝異次元的な未知の知識〟を投入することによって、彼らを無力化しようとしているということです。

私のこの話でもそうで、「ウィズ・セイビア」。「ウィズ・コロナ」ではなくてね、コロナはしゃべりませんから。「救世主とともに」ということを宇宙人のメッセージとして出すということは、新聞やテレビにとっても、強力な、ある意味で〝頭がクラクラするようなパンチ〟ではあるわけで。自分たちが情報を取れない、取材できない対象があるということは、弱みがあるということでもあるわけですよね。

ところが、その、彼らが取材できない先から情報を入手できる人がいるということであれば、そうしたマスコミ権力が盤石《ばんじゃく》ではあり続けられないことを意味しているということですね。

もし、われわれが、例えば「アメリカ 対 中国」の戦いのシナリオを描《えが》くことができるとするならば、それは、地球人にとっては、実は〝恐るべきこと〟ではあろうと思います。

まあ、なるべく、自分たちで選び取らそうと思ってはおりますけどね。

5　米中対立と米大統領選の行方《ゆくえ》について

今、中国に内部改革を起こそうとしている

ヤイドロン　まあ、ただ、中国がその覇権《はけん》を確立するには、まだ幾《いく》つかの戦いが待っていますし、中国自体にも今、このウィルス以外の他の危機がいっぱい迫《せま》って、世界から孤立《こりつ》してきています。

だから、組めるのが、今、もう……。かつての共産主義国のロシアも、やはり、どちらかといえばG8《ジーエイト》に復帰したいほうだし、イランも経済制裁を受けて、とても弱っている状況《じょうきょう》だし。

まあ、（中国は）インドの敵対するパキスタンのほうに手を回そうとしたりもしているし、習近平《しゅうきんぺい》氏が韓国《かんこく》に行こうとしたりしていますけれども、かなり苦しくな

っていることを意味していますね。

最近は、中国の首相が、「中国人の平均年収が幾らか」というようなことを口に出して言いましたが、それを計算してみると、「本当の中国のＧＤＰがどのくらいか」ということが分かるようになるわけですね。月収一万五千円ぐらいの人が、例えば、六億人ぐらいはいるとか。あとは、それではない富んでいると言われる人であっても、年収は実は非常に少なくて、四十五万円ぐらいしか実際はないとかですね。

こういうのを出してくると、人口で掛《か》けてみれば、中国全体のＧＤＰは、まあ、そのまま正確だとしてみても、六百三十兆円ぐらいしかないということになる。

そうすると、今の日本が五百兆円超《ご》え……、まあ、今後、このウィルスの打撃《だげき》で減るかもしれませんけれども、「中国がだいぶ昔に日本のＧＤＰを超えて、日本のＧＤＰの倍以上あって、アメリカを超そうとしている」というのが、まったくの嘘《うそ》だということが、今、首相のほうから実は漏《も》れ出してきて、習近平が嘘をついて、

〝嘘の帝国《ていこく》〟をつくろうとしていることを、内部からリークされつつあるということですね。

共産党政権が七パーセント成長と言えば、毎年、確実に七パーセント成長したことになっている。実績だけ出ているけど、実際は、人民は貧しい。この矛盾《むじゅん》に対しては、多少なりとも正義感がある政治家であれば、「どこかでは、これは正さなければならない」と思うはずですね。

私たちは今、香港《ホンコン》や台湾《たいわん》らが北京《ペキン》政府に対して対抗《たいこう》しているのに呼応する勢力を中国本土内で起こす、台頭《たいとう》させることを中心に考えていて、そのために、洪水《こうずい》とか、バッタの被害《ひがい》とか、その他のものをいろいろ、食料難等を起こして、あるいは、諸外国から経済制裁を受けたり、外国の友人がいなくなることによる孤立感等による危機を起こして、内部改革を起こそうとしているわけですね。

だから、嫌《きら》われている同士の韓国と中国が、今、接近しようとまたしているわけですけど、孤立しているんです、世界から。考え方が遊離《ゆうり》しているので。

まあ、この内容が明らかになったときに、旧ソ連と同じように、国家としては崩《ほう》壊《かい》していくと思います。

どのような考えの持ち主がアメリカ大統領にふさわしいか

質問者Ａ　「内部崩壊が中国の側からある」とのことでした。

今、われわれの直近の関心事としては、アメリカ大統領選があります。ここが「近未来のターニングポイント」になるだろうと考えております。

トランプ氏が勝つというのは、客観的な情勢としては非常に厳しい情勢になっておりますが、「トランプ氏が勝てる可能性」というのは、今、どれくらいとお考えでしょうか。

ヤイドロン　うーん……（約十秒間の沈黙《ちんもく》）。

まあ、西海岸の映画業界関連の人たちとか、あるいは、今回コロナウィルスも流《は》行《や》ったニューヨークの人たちが、けっこう左翼《さよく》的なものの考え方をしているので、アメリカを代表するようなところが「反トランプ」になっているわけで。トランプ的なるものを「反知性主義」と称《しょう》して揶揄《やゆ》する動きがあるわけですけれども。

まあ、アメリカの政治家も、本当に、政治家以外したことがない人が多すぎて、国家全体の財政運営が分からなくなっているところもありますね。

「現実には、オバマ政権下でどれだけアメリカが貧しくなって、実際は貧困《ひんこん》層を救えなかったか」ということを隠蔽《いんぺい》されているところもあるし、「その間に、中国をどれだけ悪くさせたか」ということも隠蔽されてきて、マスコミのほうから正式な情報が出ていないものもあります。

大きな戦いではあると思うんですが、私どもは、今のところ、トランプ氏を勝たせる方向で動いているし、トランプの次の人も、そうした考え方を持っている人を選ぼうとは思っています。

私たちの選ぶ基準は、「アメリカの国力を高めることができて、かつ、神への信《しん》仰心《こうしん》を明白に表明できる方が大統領になるほうがよろしい」という考え方ですので、そういう考え方に反する人が大統領になることに対しては、賛成ではないということですね。

ですから、バイデンさんが大統領になることは極《きわ》めて厳しいだろうと思うし、万《まん》一《いっ》なった場合は、「何らかの反作用」は起きるであろうとは思っておりますので。これは〝アメリカの没落《ぼつらく》〟を加速することに、たぶん、なるだろうというふうに思っています。

というのは、バイデン氏自身は、結局、トランプ氏が三年半でやってきたことの意味が分かってはいないからですね。

彼（トランプ氏）は企業《きぎょう》経営者としての目を持っているので、どうすればアメリカが豊かになるかということは理解しておりますが、バイデン氏のほうは、相変わらず、「大企業から税金を取って、それを貧しい人に撒《ま》けばいいんだ」というものの考え方ですね。

ですから、どちらかといえば、やはり、「共産主義」か「社会福祉《ふくし》国家主義」に近いものの考え方をしていって、アメリカ自体の富が増える方向では物事を考えてはいないと思うので。まあ、オバマ時代の失政を引き継《つ》ぐことになるのではないかと思いますね。

「バイデン氏の選出」は「第二のヒットラーの登場」につながる

ヤイドロン　私は、宇宙から介入《かいにゅう》していい範囲《はんい》内においての介入では、現政権、および、それを引き継ぐ者のほうを強くしたいとは思っていますが、日本の知識人やアメリカの知識人たちは、トランプ氏を「分断主義者」というふうに言っていて、「アメリカが孤立する方向に行って、世界がバラバラになる方向に行く」というふうに見ているわけですね。

ただ、実際は、「バイデン氏が選ばれる」ということは、「（中国に対して）宥和《ゆうわ》政策が行われる」ということに結論的にはなって、「第二のヒットラーが登場する」

ということを意味していると思います。

アメリカ国民がそこまで愚《おろ》かであるとは思いたくないと、私は思っておりますが、バイデン氏や、それを引き継ぐ者、まあ、副大統領かどうかは知りませんが、彼らが政権を担当するようになりましたら、アメリカは中国からどんどん距離《きょり》を取っていくようになって、逆に孤立化は進むというふうに思っています。

これは、客観的に見れば、「ウィルス戦争でアメリカが負けた」ということを認めることに、たぶんなるでしょう。

ウィルス戦争で中国に敗れたために、アメリカ、北米および南米は大きな被害を出して、中国に関しては「触《さわ》らぬ神に祟《たた》りなし」という感じで、もう恐《おそ》れをなして意見を言わないようになる。中国が国連をも乗っ取って、世界を支配したいという欲を出してくるであろうと。

これに対して、アジアの小国たちが抵抗《ていこう》したりし始めたりする。EUは「どこまで買収されるか」という戦いになるし、アフリカも「どこまで取られるか」という、大覇権主義が始まるだろうとは思っています。

これに対しては、もうすでに天災というか自然災害等で、中国にそういうことをさせないような被害を起こしつつありますけれども、まだまだ、われわれには考えはありますので。習近平が終身制で〝皇帝〟にはなれないようには考えています。

中国の変革は「無数の革命家や英雄《えいゆう》」によって起こされる

質問者C　中国の内部にも、ヤイドロン様たちのお考えに呼応する者がいるというお話がございましたが、さらに詳《くわ》しくお伺《うかが》いできればと思います。先ほど、アメリカの大統領に求めるものとして、「アメリカの国力を高め、かつ、神への信仰を明確に示している人が望ましい」というお考えを伺いましたが、中国においては、習近平を失脚《しっきゃく》させて、そのあとに立つリーダー像として、どういう人たちが望ましいとお考えでしょうか。

ヤイドロン　やはり、まずは、でも、数限りない、警察や軍隊による抑圧《よくあつ》はあるものの、「民衆の反乱」は起きるだろうとは思いますね。そういうものを後ろ盾《だて》にしなければ無理な部分がありますので。

今、香港の問題を中心にして、国際的孤立化は進んでおります。これに対して、中国のなかにも知識人はおりますので、外国から帰った人たちは、わりに正確に、「起きていることが何か」は理解しています。

これに対して、習近平氏等は理解ができていない。自分たちは、本当に一国だけで世界を運営しているようなつもりでおりますのでね。

まあ、「革命勢力」が起きてくると思いますが、おそらくは、うーん……、共産党員は九千万人ぐらいはいると思うけれども、このうちの八割程度の人は、何らかの意味で、現政権に対しては不信感を持っています。

ですから、八割ぐらいの方々が不信感を持っているところが、実際の数字として明らかになってきたときにですね、「経済発展などしていなくて、貧困がさらに加速されていて、国際的に貧しくなっている」という現実の状況が出てきた場合、あるいは、「習近平氏が国際外交オンチで、どんどん孤立化することを続けている」ということが進んでいったときに、やはり、内部的に大きな変革は起きてくるし、完全に管理されているマスコミのなかからも反乱が出てくるし、今の情報当局、情報警察が抑《おさ》え込《こ》んでいる個人ネット網《もう》ですね、これを破る者がたぶん出てきて、情報を伝えようとする者が出てくるであろうと思います。

ですから、個人というわけではなくて、「無数の革命家、あるいは英雄《えいゆう》」が出てくるのではないかと思います。特定の個人ではないと思います。

6　人類再建への道筋《みちすじ》について

日本の舵取《かじと》りについては「受け皿がない状態」

質問者Ａ　ありがとうございます。

今、国際情勢についてお伺《うかが》いしたのですけれども、日本では、安倍《あべ》首相も健康状態に問題があると言われつつあります（二〇二〇年八月二十八日、安倍首相は持病の悪化などの理由で、首相辞任の意向を表明した）。国内としては、コロナ問題についてもあたふたして、指導力も減退しています。今後の日本の舵取《かじと》りについて、何かご意見があれば、お伺いしたいのですけれども。

ヤイドロン　まあ、「受け皿がない状態」にちょっと近いですかね。

でも、現在の政権がやってきたことは、日本の主要マスコミ等の合意が取れている内容なんですよね。だから、これも、裏の政権は〝マスコミ政権〟であるので、「マスコミのほうが増税を許容したら、増税ができる」というような状況《じょうきょう》になっているわけで、その「マスコミの知力の限界」が「日本の政治の限界」にもなっているわけです。

マスコミの多数は、今の政権等は学歴も低い、これまた「反知性主義」の政府だとは思っているから、その意味では操《あやつ》れると思っているところは多いのではないかと思いますね。

受け皿は、はっきり言って、今ありません。ですから、誰《だれ》が受け継《つ》いでも混乱は起きて、たぶん長続きはしないことにはなるだろうと思います。

ただ、安倍氏がこれ以上、長期に続けていくことによって、日本は〝中国化〟していく可能性のほうが高くなってきていますので、それに対しては一定の歯止めは必要なのではないかと思っています。

ですから、何かをやっている感じをうまく醸《かも》し出して、まあ、外交とかでね、やっているふりを見せていたが、コロナのおかげで外交ができなくなったし、「アベノミクス」といわれた経済政策も、もはや打つ手がなくなってきているし。感染症《かんせんしょう》学者が言う「3密」等もですね、もう、旅行、観光、カジノ、こういうものが全部駄目《だめ》な状況に近くなってきているので。

基本的な頭が、「レジャー産業と買い物客による、お金を落としていくことによる経済繁栄《はんえい》」を中心に考えていたので、この思想は崩壊《ほうかい》するだろうと思います。

だから、しばらく混乱は起きるし、今年起きる経済崩壊は、そうとう深刻なものになるので。会社によっては、本当に売上の九十九パーセントがなくなるような会社も出てくるし、全体を均《なら》すことは難しいけれども、小売業の一部が伸《の》びることとか、まあ、ネット業界等は一部儲《もう》かるところも出ますが、全体的にはおそらくは三十パーセント近い落ち込《こ》みが日本は起きるし、アメリカもそうだし、ヨーロッパは四十パーセントぐらいは落ちると言われているから、世界的に収縮する傾向《けいこう》は出ますわね。

だから、このなかで政権を張り続けることはもう困難だし、もし、今の野党側が連合してやったところで、あっという間に国民の信任を失うだろうと思います。野党のほうは、さらに、経済を活性化する方法が分からない人たちの集まりになっていますから。

日本の戦後政治が崩壊《ほうかい》し、大きな〝膿出《うみだ》し〟が始まる

質問者A　そこでお伺いしたいのですけれども、日本は、特にバラマキで、要するに、「ケインズ経済的な考え方」ですべて乗り切ろうとしています。

ヤイドロン　そうですね。

質問者A　世界の大半も、やはりお金を撒《ま》いて、ケインズ経済で乗り切ろうとして

いるのではないかと思います。「不況が深刻になってきても、結局、ケインズ経済的なものしか解決策がない」というなかで、今後、具体的にどういう処方箋《せん》が必要となってきますでしょうか。

ヤイドロン　今までは、明らかにケインズ経済学が、第一次大戦の不況からヒットラーが（ドイツを）復興させたような、「急激に経済を回復させるような奇跡《きせき》の処方箋、外科《げか》手術」と思われていたことが、まあ、今、あなたがたの霊言《れいげん》のなかで、じわじわと出てきておりますが、「秦《しん》の始皇帝《しこうてい》的な悪政につながるものだ」ということが見えてくるのではないかと思うのです。

経済の本質は、実は、「自由」と「チャンスの平等」にあるわけなので、自由とチャンスの平等がないところに経済的繁栄はないのです。自由とチャンスの平等ということはどういうことかというと、国民各自が小さなイノベーター、あるいは企《き》業家《ぎょうか》として事を起こすことができる自由ですよね。

だから、政府がやるもの……、大きな政府は護送船団で一隻《せき》も足が遅《おく》れることがないようにやろうとするが、その考えは、もうもたないことを意味しています。

政府が助けられるのは、例えば、航空会社一社を救済するぐらいならできますが、あらゆる業界を助けるというのは、もう無理なので。

まあ、政府の今の〝江戸《えど》幕府の侍官僚《さむらいかんりょう》体制〟のようなものが、もう出来上がってきてはいるので、できれば、これは一度崩壊《ほうかい》したほうが、私はよいのではないかと思います。

官僚主義というのは、どうしてもできてはくるものだけれども、できれば最小限にしなければならないものです。

官僚制そのものは、民主主義を破壊するものであって、実は共産主義のなかでよく出てくる問題で、官僚制に支配される政治というのは、専制政治に近いものが出てきやすいということですね。こういうところが、また噴《ふ》き出してくるだろうと思います。

だから、「マスコミの崩壊」や「官僚制の崩壊」、そして、こういう、マスコミや官僚制が崩壊することによる「戦後の政治の崩壊」が始まると思います。

その意味では、しばらくは、ちょっと見るに堪《た》えない混沌《こんとん》状態が出てきて、大新聞とか大きなテレビ局等が潰《つぶ》れたり、役所が国民からの不信の声で潰れたりするようなことがいっぱい起きて、政治家のほうは役所を頼《たよ》りにして政治をしていたところが、それがもう自分の言葉でしゃべらなければいけなくなって、政治ができなくなったりすることがいっぱい出てくると思うので、これは大きな〝膿出《うみだ》し〟が始まると思うのです。

この膿を出すのに、十年や二十年はかかるかもしれませんから、日本においても、やはり混沌の時代は始まると思います。

「政治原理や経済原理をも含《ふく》んだ宗教」が時代を再建する

質問者B　今、経済においては自由とチャンスの平等を護《まも》るといいますか、それを大切にするべきだとお話しいただきましたけれども、今、日本以外でも、もちろん中国もそうなのですけれども、例えば、イランなども、自由とチャンスの平等があるかといえば、なかなか難しいところがありますし、あとは王制のところでサウジアラビアとかタイとかも、そういうところがあると思います。

タイでは、今、政権に対してのみならず、国王に対する批判なども少しずつ出ているようなのですけれども、ヤイドロンさんとしては、「自由とチャンスの平等で、経済的繁栄をもたらす」ということを、今後、地球規模で広げていくようなアクションを何か考えられているのでしょうか。そのあたりをお教えいただければと思います。

ヤイドロン　ですから、今、今年の状況が続けば、世界の経済そのものは、三十パーセントから四十パーセントぐらいの減速を経験することになると思いますので、経済の全体がブラックホールのように縮んでいった段階で、「バラマキ型の政治をやっているところ」、それから「社会福祉《ふくし》が国家丸抱《まるがか》えで行われていて、怠惰《たいだ》な国民がいっぱい出ているところ」、それから「王制とか、ある種の専制が行われているようなところ」等、すべて〝崩壊圧力〟がかかってくると思います。

その意味では「混沌性《こんとんせい》」は出てくると思いますが、経験しなければいけないものであるので、まあ、しかたがないのです。「そこから、もう一回、何をもとにして立て直すか」ということを人々は模索《もさく》し始めるわけで。

熱核《ねつかく》戦争が起きなくても、「経済戦争による崩壊」や、そうした「知識による覇《は》権《けん》戦争による崩壊」、あるいは「信仰《しんこう》を失った者による崩壊」等がいろいろ起きて、地球のなかに「混沌」が生まれると思います。それをどのようにして導くかということが、次の課題になっているし、あなたがたの課題でもあると思うんですね。

だから、「政治原理や経済原理をも含《ふく》んだ、信仰がある宗教というものが、そういうものを含んでいない旧《ふる》い宗教に基《もと》づく国家や、信仰を持たない国家の崩壊をどう立て直すか、という考え方が出せるかどうか」ということも大きいのではないかと思います。

しかし、すでに「受け皿」は出てきている。「考え方としての受け皿」は出ていると思います。「この考え方としての受け皿を、どのように人類がかたちあるものにしていくか」ということが、次の再建の時代に入ると思います。

ゴールデン・エイジは「崩壊」と「新たな建設」の時代

ヤイドロン　だから、「ゴールデン・エイジ」というのは、いたずらにいいことだけが起きるわけではなくて、「崩壊とともに、失われるものとともに、また新しく建設されるものが出てくる」という時代だと思います。

だから、今までみんなが当然だと思っていたものが、当然でなくなることが出ます。

例えば、日本の戦前であれば〝天皇万歳《ばんざい》主義〟が当然と思っていたものが、敗戦によって崩壊し、その後、繊維《せんい》だとか鉄鋼だとか自動車だとか、いろんなものが流《は》行《や》っていったけれども。

まあ、そういう業界も、繁栄しては寂《さび》れていくようなことは繰《く》り返し起きましたが、「現在ただいまの目で見て、最高度に繁栄している」というものが崩壊していくことが起きるでしょう。

ですから、今、金が儲かっているであろうネット業界、ゲーム業界みたいなものも、おそらくは次の崩壊を迎《むか》える。その崩壊のあとは何が来るかということを考えていかねばなりません。

まあ、トランプさん的な方であれば、「フェイクニュースを日曜日に観《み》る代わりに教会へ行きなさい」とたぶん言うでしょうね。「教会で祈《いの》っているほうがましだ」ということを、たぶん言うであろうと思いますけれども、この業界もそうとう変化は起きてくる。

だから、今、最高度に流行っているものは、ほとんど崩壊に向かっていくと考えてよいと思うし、その過程のなかで、宗教家や哲学者《てつがくしゃ》のような新しい思想家が出てきて、人々を導いていくことになるだろうと思います。

〝科学万能《ばんのう》主義の信仰《しんこう》〟は、もうすぐ崩壊する

質問者A　先ほど、「知識を持った者が最強権力になる」というお話がありましたが、現状を見ると、国内でも知識人というのが退廃《たいはい》しているというか、凋落《ちょうらく》していますし、世界を見渡《みわた》しても、本当の意味で知識人といわれる人が減ってきたなと思います。

そういうなかで、「知識の差」のところですね。「知識を持った者」というのは「知識を多く持つ」という観点もありますが、「知識のクオリティーが高い者」は、この社会に対してどのように打ち勝っていくべきなのでしょうか。

特に、「仏法真理《ぶっぽうしんり》」や「真理価値のあるもの」「智慧《ちえ》」など、そういったもので、どう打ち破っていけばよいのかというところについて、お教えいただければと思います。

ヤイドロン　今は、もう、アメリカに留学する日本人も減ってきておりますが、現実に、アメリカに留学することによって得られる知識的な付加価値が減ってきていることも事実なんですよね。

それから、アメリカ哲学は「プラグマティズム」で、実利を呼び込むような、現実的な物事を学んでくることが多いんですが、その現実的な物事を学んでくるだけだと、日本に帰ってくると「唯物論《ゆいぶつろん》勢力」になってしまうことがすごく多くなっている。

科学万能《ばんのう》主義に対しては、あるいは医学とかも万能主義ですけれども、例えば、今回のコロナウィルス一つ取っても、〝医学万能主義の信仰《しんこう》〟はかなり崩壊してきていると思いますが、そちらのほうは崩壊しても、「いわゆるテクノロジー系の科学そのものは、まだまだ万能で、あらゆる知識、学問の上に立つものだ」と、まだ思っている人はいると思うんです。これに対しては、「地球の天変地異」および

「宇宙からの介入《かいにゅう》」を見て、それが、やはり砂上の楼閣《ろうかく》だということが分かってくるようになると思うんですね。

だから、今まで、「神への信仰」ではないかたちで、この世の人間がつくったものを〝信仰〟していたところが、これが崩壊すると考えていて、まず間違《まちが》いない。みんなが「これだけは確実なものだ」と思ったものが崩壊していくし、ピークを迎えているものは崩壊していく。だから、そういう目ですべてを見ておいたほうがよいだろうと思うんですよね。

だから、まあ、アメリカ製であれ、中国製であれ、インド製であれ、ロシア製であれ、宇宙ロケットとかをいっぱい打ち上げてねえ、近隣《きんりん》の探索に行ったりしておりますけれども、われわれから見れば、あんなのは〝子供の紙飛行機〟程度にしか見えないんですよ。もう、どうにでもできるような、〝すごく後《おく》れた技術〟なんですよ。

だから、それを自覚することが、もうすぐ起きるかもしれませんね。

科学の未来は「宗教」のなかにある

質問者Ａ　今の科学知識の延長線上に「ＡＩ社会の到来《とうらい》」というものがあると思いますが、それも、やはり、同じ流れのなかにあると考えてよいのでしょうか。

ヤイドロン　ＡＩなんていうものはねえ、もう、われわれの世界から見れば、何だろう？　まあ、「双六《すごろく》」ぐらいのゲームぐらいにしか見えないんだということですねえ。あなたがたにとっては、ものすごく進んだもののように見えていると思いますが、われわれは、ずーっとずっと昔に、そんなものは乗り越《こ》してきているものなので。

例えば、われわれが乗っている宇宙船なんか、もうコンピュータなんか使っていないですから。そんな古いものは、もはや使っていないので（笑）。そういうものでは動いておりません。これについては説明は難しいけれども、「人間自身の持っている精神エネルギー」と「それに感応する装置」とで宇宙を飛んでいます。

これを、今のAIはつくることはできません。だから、これを超《こ》えなければ駄目なんですよ。人間の精神エネルギーのほうが、実は高いものがあって、これに感応する装置をつくらなければいけなくなってくるので。実は、「科学の未来」は、今の「科学」のなかにはなくて、「宗教」のなかにあるんです。

だから、あなたがたが「悟《さと》り」とか呼んでいるもの、あるいは「法力《ほうりき》」とか呼んでいるもの、この先にあるものが、実は「宇宙科学」なんです。

7　混沌《こんとん》の時代における「一条《いちじょう》の光」

今、人類に求められている「心の発見」と「魂《たましい》の発見」

質問者C　時間も迫《せま》ってまいりましたので、私からは最後の質問なんですけれども、本日、ヤイドロン様からは、「これまで流行《はや》っていたもの、多くの人たちの支持を受けていたものが崩壊《ほうかい》していって、これから十年、二十年の混沌《こんとん》の時代を迎《むか》える」というふうに教えていただきました。

そして、基本的には、「地球人、今、地球上に生きている人間が、各自の自由意志によって道を選び取っていくべきだ」というお考えを示していただきましたけれども、この混沌の時代を生き抜《ぬ》いていくための指針を賜《たまわ》れれば幸いです。

ヤイドロン　まずは人類全体に言えることですけど、「心の発見」をしなければ駄《だ》目《め》ですねえ。「自分の中心にあるものは心だ」ということを、「心の存在」を発見しなければ駄目ですね。

そして、心の発見は、同時に「魂《たましい》の発見」につながらなければならないということですね。「魂」にどれだけの可能性があるか。地球的には、まだ、「死後の世界の幽霊《ゆうれい》」ぐらいにしか思われていないと思うんですけれども、魂のなかには、実は、もっとはるかな可能性があるんですよ。

魂は、実は、魂そのもので霊界《れいかい》を移動することも、この世に顕現《けんげん》することもできれば、宇宙の異次元空間を瞬間《しゅんかん》移動することもできます。そういう不思議な機能を持っているもので、これを解明しないかぎり、未来の科学社会には、とうてい入ることはできません。

それから、先ほどの話では十分ではありませんでしたが、もう一つの世界として、あなたがたが生きている世界以外の「裏宇宙の世界」というものが、もう一つあります。これはまだ解明ができていないと思いますが、裏宇宙世界からも、今、地上の混乱のなかに介入《かいにゅう》してきている者もございます。これに対して、われわれもまた戦っております。

だから、あなたがたがまったく見えていない世界での、いろんな戦いと競争が起きているなかを、何も知らずに、かつて昔の天動説の世界を生きていた人のように、「地球は平《たい》らかで平板《へいばん》で、そして、宇宙が、星とか太陽や月が周りを回っている」と思っているときの地球人と同じような考え方を、今のあなたがたもやっているんだと。

「自分たちの見える世界、触《さわ》れる世界だけがすべてだ」と思う世界のなかで、いろいろな考えをつくってやっているけれども、それを飛び越《こ》えなければいけない時代に入ってくるんだということですね。

そして、「その世界への入り口を指し示してくれる人こそ、今の時代のセイビア、救世主なんだ」ということを知らなくてはならないということですね。

だから、現に栄えているもの、みんなが「これは確実だ」と思って信じているものが崩壊していくことは悲しいけれども、それは同時に、新しいものの創造、創成に当たるんだということで、「これから新しい『創世記《そうせいき》』が、もう一回始まります」ということなんだという覚悟《かくご》を強めていただきたいと思います。

「救世主の降臨《こうりん》」とその「教え」を世界の隅々《すみずみ》まで広めるのが弟子《でし》の使命

ヤイドロン　私たちは、どんなこともできるんですよ。それはもう、洪水《こうずい》だって、地震《じしん》だって、津波《つなみ》だって、火山の噴火《ふんか》だって、隕石《いんせき》をぶつけることだって、何だってできるし、人口を減らしたければ、「恐竜《きょうりゅう》の復活」だって可能ですよ。いくらでも可能です。そんなものを出せばいいんですよ。

恐竜みたいなものをいっぱい地上に放てば、それは、いっぱい食べられるでしょうね、人間も動物もね。どんなことでも、実はできるんです。だから、そのなかで、あなたがたは動物園のなかの動物のように生きているんだということを知らなければばいけない。

まずは、「慢心《まんしん》のもと」を断《た》たねばならないので、多少の挫折《ざせつ》や失敗、混乱を経験することになると思います。そのなかの「一条《いちじょう》の光」になることこそ、幸福の科学の使命であって、「それを世界の隅々《すみずみ》まで届けよ」ということを言っておきたい。

「ここに光が、まだあるんだ。現時点で、現在、まだ光は輝《かがや》いているんだ。『太陽の時代』が、まだ続いているんだ」ということを教えることが大事で、世界の果ての隅々の国に、「救世主の降臨《こうりん》」と「その教えが説かれていること」を広めることこそ、弟子《でし》たちの使命であるんだということです。

自分たちの組織を運営していくためだけの経済原理で、会社のように動いていては、あなたがたは使命は果たせないのです。

そういうことは当然のこととして、下部組織としてはあってもいいかもしれないけれども、あくまでも本来の使命は、世界すべて、二百カ国近い国に、「救世主の降臨」と「その教えの骨格」と「人類の進むべき未来」を教えること。「救世主が何を真《しん》とし、何を偽《ぎ》としているか」、その真偽の判定、正邪《せいじゃ》の判定を教えること。

これが、今、求められていることです。

すべては、大きな宇宙愛に包まれた、一つの星の文明実験

質問者A　本日は、「ウィズ・セイビア」ということですが、「今回の救世主降臨は、通常の三千年ごとではなくて、一億五千万年ぶり」とお聞かせいただいております。そうした救世主計画が綿密に練られて、今回、ご降臨いただいたと思っております。この救世主計画の「現在の地点」、また、「この先の未来」について、もしお教えいただけるところがあれば、お教えいただければと思います。

ヤイドロン　まあ、「あなたがたの時間認識」と「私たちの時間認識」がだいぶ違《ちが》うので、同じ土俵《どひょう》に立っているとは言えないと思います。

私などは、「異星から来た宇宙人」ということになってはおりますけれども、あ

なたがたと同じ時間を生きてはいないので。「過去の地球」にも飛来してきて、そうした「救世の時代」等には来ているし、そういうふうな時間を設定して、いろんな時代に現れて見ているので。見ている存在なんです。

「未来」にも出てきて、見ている存在なんです。

だから、われわれには地球の時間概念《がいねん》は通用しないので。「イエスの時代」だって、「仏陀《ぶっだ》の時代」だって、「その前の時代」だって、「先の、この一万年期が始まる前の文明」にだって、われわれはいろんな指導はしてきましたし、今も過去に返ることもできれば、未来に行くこともできます。

「すべては大きな大きな宇宙愛のなかに包まれて存在している、銀河のなかの一つの星の文明実験だ」ということを知っておいてほしいと思います。

今、現れている地球のセイビアは、他の銀河のメシアも指導している

ヤイドロン　われわれが、そうした時間軸《じく》を超《こ》えて、いろんなところに出現して、あなたがたに影響《えいきょう》を与《あた》えているけれども、「地球のセイビアも、この地上に肉体を

持っているときには限界はあるけれども、この地上の肉体を離《はな》れたときに、霊的に宇宙存在になったときに、また、他の銀河におけるメシア資格を持つ者たちを教える仕事までしているんだ」ということを知っておいたほうがいいと思います。だから、相互《そうご》に影響し合っている存在であるのです。

われわれも地上に肉体を持つことはありますが、それは、やっぱり、人間感覚みたいなものを身につけるために、ときどき出ることはあるけれども、本当の世界はそういう世界ではないということ。

「地球のメシアは、実は、他の惑星《わくせい》や他の銀河系においても指導をしている人であるのだ」ということを知っておくこと。その人が最後に説かれる教えがどこまで行くか、われわれは、それを、今、見ているところだということ。

大きな目で見たら、あなたがたは未来を心配する必要はなくて、過去も未来も、実を言うと、いろんなシミュレーションで、いろんなところで、何度もやり直しが行われているんだということです。

地球で過去の文明に起きたようなことは、今、宇宙のどこかの星で起きていること。それで、どこかの星で現在起きていることが、また地球で、これから未来に起きてくること。

こういう、いろんな宇宙レベルでの文明実験を集積して、「宇宙の智慧《ちえ》」に変えていくのが、私たちの今の仕事なので、そういうものを記録し、保持し、研究していきます。そして、「宇宙全体の魂の進化」を目指しています。

質問者A　はい。本日は、まことにありがとうございました。

ヤイドロン　はい。

8 「大宇宙の秘密」まで明かすのが、残りの仕事

大川隆法　（手を一回叩《たた》く）では、ヤイドロンさん、どうもありがとうございました（手を一回叩く）。

やはり、少しだけ違《ちが》いがありましたね。地球レベルの魂《たましい》とは違うものがあったようです。

申し訳ないことに、私たちは、このような方に、教団内の生霊《いきりょう》等を排除《はいじょ》するようなことをよくお願いしたりして、まあ、つまらないことをいろいろとお願いしたりもしていますけれども、いろいろなことを実験しているということでしょう。

ただ、「宇宙レベルでの存在がある」ということを教えるのは難しいことなのです。「フィクションではなく、現実にある」ということを、どう教えるかというの

も難しいことです。

やはり、こちらの成長度に合わせたものが出てくると思います。今のレベルでは、彼らも姿を現して地球人と仲良く歩けるほどまでには行かないのだろうと思いますので、何とか全体のレベルを引き上げたいと考えています。

ただ、比較《ひかく》的早いうちから、宇宙の存在も出てきてはいます。『太陽の法』のあたりからすでに出てきているので、やはり、今回の教えのなかに抜《ぬ》きがたく入っているものの一つかとは思います。「大宇宙の秘密まで明かしていかねばならない。これが、これからの残りの仕事ではないか」と思っています。

地球は実験場《じょう》として、よりよく導かねばならないけれども、未来はまたいろいろと可能性があるということです。

「今、学問と宗教、あるいは、科学と宗教が対立しているように、日本では言われているけれども、本当はそういうものではないのだ」というご意見も、今日はあ

『太陽の法』（幸福の科学出版刊）

りましたので、そこをドリルで掘削《くっさく》して、何とか破っていきたいと思っています。

では、以上です（手を一回叩く）。

質問者Ａ　ありがとうございました。

第2章　宇宙から観《み》た地球人

―ヤイドロンの霊言《れいげん》―

二〇二〇年八月二十四日　収録

幸福の科学　特別説法堂《せっぽうどう》にて

［質問者三名は、それぞれA・B・Cと表記］

〈霊言《れいげん》収録の背景〉

本霊言は、二〇二〇年八月二十三日収録の「ウィズ・セイビア　救世主とともに」（第1章）の翌日、内容を補足するために、ヤイドロンが大川隆法総裁のもとを訪《おとず》れ、行われたものである。

1　ヤイドロンの仕事や真の姿について訊《き》く

前日に続き、再び「ヤイドロンの霊言《れいげん》」を収録するに当たって

ヤイドロン　普通《ふつう》、宇宙人に対して質問するんだったら、宇宙人の容姿《ようし》や星での生活について知ろうとするのではないんですか？

質問者Ａ　質問者のみなさんも、そこを訊《き》いていいのかなと思ってしまったのかもしれません。

ヤイドロン　普通の、トランプの守護霊《しゅごれい》なんかと変わらないような質問の仕方をしていた。本とするには、緊急《きんきゅう》の発刊ですが不十分です。

質問者A　「ヤイドロンさんの身長は何メートルか」といったことを訊いてもよいということですか（笑）。

ヤイドロン　宇宙のＵＦＯビデオとかもありますけど、まあ、普通の人が宇宙人に対して知りたいこと、ＵＦＯについて知りたいことを、何にも訊かれていない。

質問者B　以前のリーディング等でヤイドロンさんについて出ている情報は、たくさんありますけれども。

質問者A　それが一般《いっぱん》の人には、まとまって伝わっていないから……。

質問者B　初めての方には分からないということでしょうか。

質問者A　もっとヤイドロン様について訊いてよかったということですか？

ヤイドロン　だから、質問者が〝不適格〟だったと思います。

エルダー星では、霊格《れいかく》に合わせて職業が分かれている

質問者A　それでは、今、訊いてもよろしいでしょうか。

（約十秒間の沈黙《ちんもく》）ヤイドロンさんは、エルダー星から来られているということですが、エルダー星では、ヤイドロンさんの職業はどういうものになるのですか。

ヤイドロン　善悪について裁く、最高級の「裁判官兼《けん》政治家」みたいなものです。

質問者A　要するに、エルダー星でも政治は行われているということですね。

ヤイドロン　はい。

質問者A　（地球上の今の）民主主義とはやはり違《ちが》うのでしょうか。どんな感じの政治が行われているのですか。

ヤイドロン　まあ、霊格《れいかく》に合わせて、職業に違いがあるということですかね。

質問者A　霊格に合わせて職業に違いがある。

ヤイドロン　うん。

質問者A　では、自分の霊格がどのくらいかというのは、みんな知っているんですか。

ヤイドロン　「民主主義」というのは、ある意味では、〝みんな盲目《もうもく》〟ということを前提にしていますから。〝目が見えない人たちの投票〟ですよね。

その候補者がどういう人かが分からない、この世的なもの以外は見えないなかでの選出ですから。「その人が魂的《たましいてき》にどういう存在であるか」が分かった上での投票ではない。ここに違いがあります。

質問者A　メタトロン●さんの星でも、生まれてくる前の記憶《きおく》がなくなるのではなくて、「自分がどういう魂であるか」「天使であるか」といった自覚を、ある程度持って生まれるとおっしゃっていたのですけれども、エルダー星もそれに近い感じでしょうか。

●メタトロン　幸福の科学を支援している宇宙人で、光の神の一人。イエス・キリストの宇宙の魂（アモール）の一部。『メタトロンの霊言』（幸福の科学出版刊）等参照。

ヤイドロン　ですから、この世では、例えば、悪魔《あくま》に憑依《ひょうい》されているような人でも、最高級の政治家になったり、官僚《かんりょう》になったり、軍事・警察のほうに入《はい》れたり、大学教授に入れたり、テレビのキャスターになれたり、経営者になれたり、いろんなことができますが、私たちの星では、いちおう、その人たちの霊的な位置づけは出ますので。出た上で選ばれる。

生まれつき決まっているわけではないけれども、「その人のもともとのポテンシャル」と、「現時点で、今までの修行《しゅぎょう》や仕事を通して得ている霊的なステータス、および霊的状況《じょうきょう》」を見て、それで、みんながそれを知って、情報として加えた上で、人々の職業というか、仕事が振《ふ》り分けられていくことになっています。

だから、今の地上だったら、例えば政治家に権力を与《あた》えても、その人がいい人か悪い人なのかさえ分からない状況で投票がなされていて、まったく、これは、イエス・キリスト的に言えば、「目の見えない人が、目の見えない人を導いているような状況」になっているのではないかと思います。そういうかたちの民主主義は、われわれの世界ではやっていません。

質問者Ａ　それでは、みんな、「その人が、今、どのレベルの心境なのか」ということが、ある程度分かるんですか。

ヤイドロン　はい、分かります。

質問者Ａ　昨日《きのう》のお話でも、ＵＦＯを飛ばすときにも「悟《さと》り」というか、「思いの力」で飛ばすというところがありましたけれども、やはり、そういうものが一貫《いっかん》していて、みんな霊的ということですか。

ヤイドロン　実は、幸福の科学でも、次元構造が明らかにされたり、いろんな転生《てんしょう》が明らかにされたりしつつも、この世でそれを表現することができないでおりますからね。

質問者A　それにプラスして、「今世《こんぜ》でのその人の心境」には左右されます。

ヤイドロン　私たちには、「心霊スキャン」というものもあるので、ええ。

質問者A　心霊スキャン。

ヤイドロン　ええ。ですから、あなたがたのレントゲンか、ＣＴスキャンみたいなものかもしれませんけれども、それを通過してもらったら、「出身の霊界層《れいかいそう》」から「現在の心境」、現在までの「霊的な憑依」や、あるいは「高級霊がついての仕事の実績」とか、そういうものが、全部、情報として出るようになっています。

多様性はあっても、高下《こうげ》の区別がついていない地球の状況《じょうきょう》

質問者Ｂ　この地球では、生まれてくる前の記憶や各自の魂の出自などは一切《いっさい》忘れて生まれることになっているのですけれども、そういった方法は、やや原始的に見えるということでしょうか。

ヤイドロン　いや、それは〝一つの文明実験〟ですので、そういうかたちもありえると思います。

だから、分からないようにして、お互《たが》い、そのなかから見つけ出すことができるかどうかが、その民主主義の実験でやられているわけで。「大衆が言うことは、正しいか正しくないか」、それをやられているわけで。正しくない場合には、あとで自分たちが被害《ひがい》を受けることになるわけですね。

質問者A　なるほど。

ヤイドロン　それから、「マスコミなんかで力を持っている人が、正しいか正しくないか」も間違いますけれども、間違っている場合は、あとで被害を受けることになるわけですよね。

質問者A　やはり、選んでいるほうも、そういう、「人を見抜《みぬ》く目」が求められているというか、試《ため》されていると。

ヤイドロン　うん、そうですね。

それから、例えば、芸能系であれば、万の単位の人が騒《さわ》いで、ファンとして一万円の金を出して、コンサートに来る。例えば、歌手なら歌手でも、それが、天女《てんにょ》というか天使のような方もあれば、その逆の「画皮《がひ》」的なものもいるはずで、その区

●画皮　中国清代の怪異譚《かいいたん》『聊齋志異《りょうさいしい》』（蒲松齢《ほしょうれい》著）のなかの一篇。人の皮を被《かぶ》り美女に化ける妖怪（妖魔《ようま》）が登場する。なお、幸福の科学では、映画「美しき誘惑―現代の『画皮』―」（製作総指揮・原作 大川隆法）を2021年に公開予定。

別は特についていないようには思いますね。

質問者A　そうですね。今のところ、区別をつける手はないと思います。

ヤイドロン　「多様性」という言い方はあるけれども、多様性は確かにありますが、その高下《こうげ》がついていない、判断がついていない。ここは、やはり、今、宗教的な価値観が非常に劣化《れっか》していることが大きいということですね。

それから、政治についても、天使的なものか、悪魔的なものか、幸福の科学は発信しているけれども、ほかの人たちには分からないということ。むしろ、宗教が絡《から》めば、それがマイナスのことのように考えることも多いということですね。

まあ、そういうことで、「政教分離《ぶんり》が制度的に正しいんだ」ということになれば、「宗教にかかわる政治活動は、事件性がないものは報道しない」ということになるわけで、通常の公平な報道はなされていないことになっているわけです。

「宗教が全部悪だ」という判断は、これは明らかなる間違いですが、これを学問的に誰《だれ》も検証しようとはしていない。

ヤイドロンの本当の姿について

質問者A　すみません。いちばん最初にヤイドロンさんが出てこられたときに、「レプタリアンです」というようなことをおっしゃっていたと思うのですけれども、当会のなかでは、そういう科学技術が進んだ方々が、そのような悟りを持っているとは思えない人が多いのではないかと思うんです。そこについては何かありますか。

ヤイドロン　いや、私たちは、自分の外見も、その仕事に合わせて変えますので、一定じゃないんです。

質問者A　では、ベガ星の方のように、「変化《へんか》する」といったことは、ほかの星で

●いちばん最初に……　2018年8月4日、群馬県上空に現れたUFOに乗っていたヤイドロンは、自らのことを、レプタリアンで、信仰のない人間に天変地異や罰などを与えるタイプの宇宙人であると語った。『UFOリーディングＩ』（幸福の科学出版刊）参照。

もいちおうできるのでしょうか。

ヤイドロン　宇宙をはるかなる距離《きょり》から航行してくるということは、あなたがたが地上に持っているような肉体では、やはり不可能になりますので。

質問者Ａ　霊界を通るからでしょうか。

ヤイドロン　私たちは霊体《れいたい》であり、かつ、肉体にも変化できるような体を持っているんです。だから、霊言《れいげん》もできるんですけどね。霊体でもあり、肉体でもある。肉体でもあり、霊体でもあるんです。

質問者Ａ　レプタリアンに対する蔑《さげす》みの評価のようなものは、おそらく、当会のなかにもまだたくさんあると思うのですけれども、ヤイドロンさんのことも、そのよ

●レプタリアン　爬虫類《はちゅうるい》的性質を持つ宇宙人の総称。「力」や「強さ」を重視し、一般に攻撃性、侵略性が強い。科学技術が高いとも言われている。『ザ・コンタクト』（幸福の科学出版刊）等参照。

うに見ている人もいると思うんです。

ヤイドロン　それは、悪なるものが出てきたときに、それに対する〝戦闘《せんとう》モード〟になっている姿ですよね。

質問者A　なるほど。

質問者B　必ずしも、「爬《は》虫類《ちゅうるい》型で、人間を食べる」とか、そういう種族という意味ではないということですよね。

ヤイドロン　別に、爬虫類の体に宿っているわけではありません。

あなたがたが好むというか、必要だと思う姿になっているわけで。あなた（質問者A）が、最近は、雷《いかずち》を落とす鬼《おに》を大好きだということになれば、だんだん鬼の

●ベガ星の方のように……　ベガ星系に住む宇宙人は、相手に合わせて外見を自由に変えることができ、性別は男性、女性、中性が存在する。「高度な科学技術」と「ヒーリングパワー」等を持つ。『ザ・コンタクト』（前掲）等参照。

ような姿に見えることもありましょうし、ほかの人と接したときには、その人たちに合わせた体に変わります。

質問者B　角《つの》はあるのでしょうか。以前、伺《うかが》ったときに……。

質問者A　角は二本あるということでした。

ヤイドロン　まあ……、そう言うと、またそれにこだわって分からなくなってくるので。

質問者A　そうなんですよね。

今、「正義」と「裁き」に関係した仕事をしている

質問者Ａ　ただ、最初のイメージとしては、そのようなかたちで出ているところがあって、ヤイドロンさんは何者なのかという……。

ヤイドロン　まあ、「正義」と「裁き」に関係した方面で、今、仕事はしていますから。

「地球における正義とは何か。地球における裁きとは何か」というところを判定する仕事を、今しているので。

質問者Ａ　エル・カンターレをこれほど外護《げご》してくださっているということは、やはり、ご関係があると思うのですけれども、ヤイドロンさんとエル・カンターレのご関係につきましては、どのように理解したらよろしいですか。

ヤイドロン　うーん、まあ、「メシア養成星《せい》」で教わったこともありますので、ええ。

質問者A　その星というのは……。

ヤイドロン　あなたがたのほうには、名前がないところですね。

質問者A　まだ出てきたことがない星ですか。

ヤイドロン　もうちょっと、この物理的な時空間を超《こ》えられる力がないと、もはや言っても通じないかと思いますけどね。

質問者B　それは、例えば、同じく「メシア養成星」といわれるR・A・ゴールさんの星（こぐま座アンダルシアβ《ベータ》星）とは関係ないのですか。

ヤイドロン　まあ、あなたがたは「星」という認識でしかできないから、もうしかたがないいんですけど。「私たちが見ている宇宙」は別のものですから。

あなたがたは、夜空に瞬《またた》く星がパラパラとあるぐらいにしか見えていない。これが世界でしょうけど、「私たちが見ている世界」は違いますので。

質問者A　どのように見えるのですか。

ヤイドロン　私たちには、「別の世界」がそこに展開しているので。

質問者C　それは、幸福の科学の教えで言うと、「銀河意識」とか、「宇宙意識」と

●R・A・ゴール　幸福の科学を支援している宇宙人の一人。宇宙防衛軍の司令官の一人であり、メシア（救世主）資格を持つ。『「UFOリーディング」写真集』（幸福の科学出版刊）等参照。

か、そもそも、世界を捉《とら》えている意識のレベルが違うという、そういった理解でよろしいのでしょうか。

ヤイドロン　うーん、まあ、そういう表現自体も、後《おく》れた表現形態なので。

質問者Ｃ　それも〝人間的〟なのですね。

質問者Ａ　地球人は、宇宙人レベルに行ける日が来るのでしょうか。

ヤイドロン　まあ、「肉体を持ってロケットに乗り込《こ》んでいくことが、宇宙に行くことだ」と思っているかぎりは、われわれの世界と一緒《いっしょ》ではないです。

2　宇宙の視点から観《み》た、地球人の認識力とは

地球人と会話をするつらさをたとえると？

質問者A　昨日《きのう》、霊言《れいげん》を録《と》られたあと、総裁先生もたいへんお疲《つか》れでいらっしゃったのですけれども、それは、地球人と乖離《かいり》があるからでしょうか。

ヤイドロン　いやあ、それはねえ……。

質問者A　ヤイドロンさんの言っていること自体が、やはり理解できていないという……。

郵便はがき

料金受取人払郵便

赤坂局
承認

7468

差出有効期間
2021年10月
31日まで
(切手不要)

1 0 7 - 8 7 9 0

112

東京都港区赤坂2丁目10—8
幸福の科学出版(株)
愛読者アンケート係 行

ご購読ありがとうございました。お手数ですが、今回ご購読いただいた書籍名をご記入ください。

書籍名

フリガナ お名前	男・女	歳
ご住所 〒 都道府県		
お電話( ) —		
e-mail アドレス		
ご職業 ①会社員 ②会社役員 ③経営者 ④公務員 ⑤教員・研究者 ⑥自営業 ⑦主婦 ⑧学生 ⑨パート・アルバイト ⑩他( )		
今後、弊社の新刊案内などをお送りしてもよろしいですか? (はい・いいえ)		

愛読者プレゼント☆アンケート

ご購読ありがとうございました。
今後の参考とさせていただきますので、下記の質問にお答えください。
抽選で幸福の科学出版の書籍・雑誌をプレゼント致します。
（発表は発送をもってかえさせていただきます）

1 本書をどのようにお知りになりましたか？

① 新聞広告を見て ［新聞名：　　　　　　　　　　　　　　　　　］
② ネット広告を見て［ウェブサイト名：　　　　　　　　　　　　　］
③ 書店で見て　④ ネット書店で見て　⑤ 幸福の科学出版のウェブサイト
⑥ 人に勧められて　⑦ 幸福の科学の小冊子　⑧ 月刊「ザ・リバティ」
⑨ 月刊「アー・ユー・ハッピー？」　⑩ ラジオ番組「天使のモーニングコール」
⑪ その他（　　　　　　　　　　　　　　　　　　　　　　　　　）

2 本書をお読みになったご感想をお書きください。

3 今後読みたいテーマなどがありましたら、お書きください。

ご感想を匿名にて広告等に掲載させていただくことがございます。ご記入いただきました個人情報については、同意なく他の目的で使用することはございません。

ご協力ありがとうございました！

ヤイドロン　いや、それはねえ、コロンブスが西インド諸島に上がって、現地の人たちと会話を交《か》わしているようなつらさですよ。

質問者C　差がありすぎると。

ヤイドロン　つらいです、つらいですよ。

質問者A　聴《き》いているほうも、みんな……。（日本神道《しんとう》で言う）天孫降臨《てんそんこうりん》もこういう感じだったということになるのでしょうか。

ヤイドロン　いや、関係ありません。

質問者A　関係はないですね。はい（笑）。

ヤイドロン　それは、もうちょっとレベルの低い人たちなので。「肉体を持って降りてくる」というのは、もうちょっとレベルが下なんでね。

質問者B　以前、ヤイドロンさんの乗っている宇宙船では一瞬《いっしゅん》でシャワーを終わらせてもらえるとか、そういう話も伺《うかが》ったことがあるのですけれども、それは肉体となったときの話でしょうか。

ヤイドロン　はあ……（ため息）。もうつまらなくて。

質問者B　すみません（笑）。けっこう具体的におっしゃるときもあるのですけれども。それは方便《ほうべん》ということでしょうか。

質問者A　やはり、今までは地球人に理解できるように言ってくださっていたんだけれども、もうそろそろ……。「このレベルでずっと行くのか」ということでしょうか。

ヤイドロン　いや、あなたがたが訊《き》いている正義なんていうのは、「トカゲの尻尾《しっぽ》を切っても、また生《は》えてくるから構わないんでしょうか」みたいな感じの質問にしか聞こえないんですよ。

質問者A　「トカゲの尻尾を切っても、また生えてくるから構わないのか」？

ヤイドロン　「ですから、傷害罪は成立しないんでしょうか」と言っているように、そういうふうに聞こえるようなものです。

質問者A　ということは、「弱い」ということですか？

ヤイドロン　はあ……（ため息）。

質問者C　「くだらないことで言い合っている」という、そういうことですか。

ヤイドロン　自分らの生活にたとえないかぎりは、理解はできない。

質問者A　ああ、概念《がいねん》が理解できないということですか。

ヤイドロン　うーん。

肉体と霊体《れいたい》についての認識が、地球人と宇宙人ではまったく違《ちが》う

ヤイドロン　（約五秒間の沈黙《ちんもく》）それこそ、U-NEXT《ユーネクスト》で、「紀元前一万年」を観《み》たほうがいいですよ。それがあなたがたの姿だから。

質問者A　（笑）「原始人の世界」を描《えが》いている映画らしいですけれども。

ヤイドロン　われわれは自己表現するのに、マンモスにでもなるしかないですから。

質問者B　以前からヤイドロンさんは、Aさん以外の人とはほぼお話しされたことがなくて、前に一度、ヤイドロンさんの公開霊言を録ったときにも、質問者に不満をお持ちだったので、やはり、普通《ふつう》の質問者だと、もう無理なのかもしれません。

質問者A　いや、私でも無理なんですけれども、「視点がすごく違《ちが》う」ということですね。天上界《てんじょうかい》の高級霊からも、ときどき怒《おこ》られることもありますよね。それより、さらに認識が違うということですよね。

ヤイドロン　だから、あなたがたの認識は、霊っていうのは、「肉体から抜《ぬ》け出して存在しているもの」でしょう？

質問者A　そうですね。

ヤイドロン　そして、「ときどき、生まれ変わりのときに、肉体に宿ることができるもの」という存在でしょう？

質問者A　はい。

ヤイドロン　われわれの認識は違っているので。

質問者Ａ　霊が、そもそもは自分ということですね。

ヤイドロン　そういう考えの、二分法《にぶんほう》を乗り越《こ》えるところまで行かないかぎり、われわれみたいに、はるかな「何百光年」も離《はな》れたところから、「何百万光年」も離れたところからやって来るのは無理なんです。

質問者Ａ　アルファ様に、「それは霊体《れいたい》の話ですか？　肉体の話ですか？」と訊いたとき、「いや、別に両方だ」というようなことをおっしゃっていました。私たちは、「どういうことなんだろう？」と思ってしまうのですけれども、要するにそういうことですよね。

ヤイドロン　まあ、アルファ……、アルファもいいんですけどね。あなたの好きな「ほんやくコンニャク」（ドラえもんのひみつ道具の一つ）ぐらいなので、ええ。

質問者Ａ　ほんやくコンニャク？

ヤイドロン　はい。アルファとは、〝ほんやくコンニャク〟のことなので。

質問者Ａ　……その心は？

ヤイドロン　だから、あなたがたに理解できるように……。

質問者Ａ　表現しただけということですね。

ヤイドロン　ええ。造物主的な話をしているだけなので。

質問者Ｂ　昔の地球も、霊界《れいかい》とこの世が、ごっちゃになっているときがあったのではないですか。

質問者Ａ　一体化していて、という話でしたよね。

「エルダー星から分かれていった人々」が地球にいる理由

質問者Ａ　先ほど伺った、エルダー星の政治（選挙）システムは、今の地球のような形態をさらに通り越して進化した結果なのか、それとも、（エルダー星の）つくりとして、そもそも、神様がそういうシステムとして、もとからつくっていて、そうなっているのでしょうか。

ヤイドロン　まあ……。早く「紀元前一万年」の映画を観たほうがいいと思います。

質問者B　確か、地球は、ルシフェルが地獄《じごく》に堕《お》ちてから、この世とあの世を明確に分けるようにしたというような……。

ヤイドロン　まあ、そんなわけでもないですけどね。

質問者B　そんなことはないと（笑）。それも方便かもしれないと……。

質問者A　エルダー星は進化の過程なく、みんな、ずっと最初からその姿なのですか。そういう霊的な目でもって、見ることができていたということでしょうか。

ヤイドロン　いやあ、スーパーマンの映画の始まりとよく似ている感じですけどね。だから、もう、ある程度居住ができなくなってきている状況《じょうきょう》で分かれたものもありますがね。ええ、意見が分かれる場合もありますので。

質問者Ａ　はい。

ヤイドロン　われらは、われらに合わないものたちは、ちょっとほかのところに送り込《こ》んだりも、星に追放したりもしてはおりますけれどもね。

質問者Ａ　それは、どんな価値観の人だったのですか。

ヤイドロン　はあ……（息を吐《は》く）。早く「紀元前一万年」を観てください。

質問者A　でも、争うということは「価値観が違う」ということですよね。

ヤイドロン　ええ……。はあ……（息を吐く）。

質問者B　●以前、役《えんの》小《お》角《づぬ》（の宇宙時代の魂《たましい》）がエルダー星から追放されて、地球に来たというようなお話もありましたが……。

質問者A　役小角のことも、「地球に送った」と言っていました。

ヤイドロン　まあ、それは、役小角の認識力を超《こ》えた話でしょう、たぶん。

質問者A　ああ、役小角は、「なぜ追放されたか」が分かっていないのですね。

●以前、役小角……　『魔法と呪術の可能性とは何か―魔術師マーリン、ヤイドロン、役小角の霊言―』（幸福の科学出版刊）参照。

ヤイドロン　わずか千二百年ぐらい前の人ですから。（約五秒間の沈黙）そんな昔の話とは関係がないでしょう。彼自身の頭のなかにも残ってないでしょう。

質問者A　でも、地球は、総裁先生の説かれている教えでは、やはり、「転生輪廻《てんしょうりんね》するときに過去の記憶《きおく》を忘れる」というシステムをつくってやっていると言われているので、そもそも、そのシステムが、エルダー星の修行場《しゅぎょうば》としてのシステムと、地球のシステムとが違うということでよいのでしょうか。

ヤイドロン　ふう……（息を吐く）。われわれの世界はね、あなたがたよりずっと未来の世界なんですよ。未来の世界にいて、もう一段行くと、もう進化がなくなる世界なんですよ。

そうすると、もう一回、原始人に戻《もど》りたがる人もいるということです。はい。

質問者A　だから、地球が魂の修行場として必要ということですか。

ヤイドロン　ええ。

質問者A　みんな、原始人に戻りたい人だけが来るのですか。

ヤイドロン　もう一回、やり直したい人ですね。ええ。

質問者A　では、やり直したくない人はどうするのですか。

ヤイドロン　やり直したくない人は来ていません。

質問者A　ああ、（ＵＦＯに乗って）上から見ているということですか。

ヤイドロン　地球人としては生まれません。

質問者Ａ　でも、自分の星は滅《ほろ》びるんですよね。

ヤイドロン　その代わり、いろんなところでやっている文明実験等を観察記録しています。

質問者Ａ　では、やはり、ＵＦＯに乗っている人たちのような感じということですよね。

ヤイドロン　一部はね。ええ。

質問者A　以前、アンドロメダのほうからも戦いに来て、マゼラン星雲のレプタリアンの星、ゼータ星は滅びたけれども、エルダー星はいちおう防衛に成功したというようなお話が……。

ヤイドロン　うん。まあ、そこは、話せば難しいが、もう〝ＳＦの世界〟に入りますので。そんなに言いたいとは思っていませんけど。

質問者A　なるほど。

「機械に〝帰依《きえ》〟することが人類の進歩だ」と思っている地球人の悲しさ

ヤイドロン　ああ……（息を吐く）。後《おく》れているねえ……、地球は後れているね。

質問者A　昨日、ヤイドロンさんの霊言をしてみた結果、たぶん「地球人はなんて後れているのか」と……。

今のコロナの状況を見ても、「ウィズ・コロナ」と言いながら走っている地球で、気づくべきことに何も気づかない地球ではあるし。「中国の悪」すら隠蔽《いんぺい》されたままでやり過ごそうとしている人類に対して、深い疲れを感じられたのではないかと思ったのですけれども。

ヤイドロン　まあ、それは……。

質問者A　予想以上に後れていたとか？

ヤイドロン　うーん……。はあ……（ため息）。まあ、このままでは、大川隆法も“空振《からぶ》り”をしてしまいますので。まあ……、この進化は、地球の進化は難しいですね。

質問者Ａ　こうしたコロナなどを通して、もう少し霊的なほうに行くとか、神の名を呼ぶようになっていかなければいけないところを、全体的に、また〝真逆〟の方向に行ったりもしますしね。

ヤイドロン　はあ……（ため息）。

質問者Ａ　「地球人は〝やばい〟な」と思われていますか？

ヤイドロン　「習近平《しゅうきんぺい》がしていることが、古代の野蛮人《やばんじん》がしていることと違うか、違わないか」が分からないぐらいのレベルですので。

質問者Ａ　そうですね。確かに、昨日おっしゃっていましたが、知識人ほど見抜けていないと。

ヤイドロン　バカなんだよ。

質問者Ａ　そして、トランプさんのほうがバカだと見えているようです。

質問者Ｃ　地球人が「発展している」と思っていることが、そもそも愚《おろ》かで、崩壊《ほうかい》に向かっているという……。

質問者Ａ　そうですね。〝真逆〟に発展させようとしているということですよね。

ヤイドロン　「唯物論《ゆいぶつろん》、無神論、不可知論、科学、テクノロジー」、この世界に行くことが進歩していることだと思っているわけで、「機械に〝帰依《きえ》〟することが人類の進歩だ」と思っているあたりが、悲しいなとは思っていますけどね。

地球に来る前に、とっくに、そういう文明は経験しているのに、「地球に来て長い時間がたって、まだそんなところを行っているかあ」という感じはありますね。

質問者A　これほど後れている星というのは、ほかにあるんですか?

ヤイドロン　それはあるでしょうけどね。

質問者A　いちおうありますか。

ヤイドロン　もうちょっと原始的な生き物しか存在しないところも、ありますけれども。

まあ、しかし、〝コウモリのウィルス〟ぐらいで、地球全体がこんなに……、何と言いますか、脅迫《きょうはく》されているような状態というのは、われわれから見ると、ちょっと信じがたいものもありますね。

「理解ができない人たちに教えを説く」ということのつらさ

質問者A　ヤイドロンさんにしても、R・A・ゴールさんやメタトロンさんにしても、善悪の峻別《しゅんべつ》も深いと思うんです。その価値観は、やはり「悟《さと》り」と関係はあるということですよね？

ヤイドロン　はい。「悟り」は「科学」を含《ふく》んでいるんです。それは「真理を知る」ということだからね。「真実を知る」ということでもある。

質問者A　真理を知り、創造主の存在を知り、自分たちが創られたことを知ると、やはり、そこから「悪とは何か」「善とは何か」が見えてくるものがあると。

ヤイドロン　あなたは先ほど、アメリカの、最新のＵＦＯの公開映像を観ていたと思いますけどね。そうしたら、サンディエゴ沖《おき》で米軍の空母訓練をやっている海域にＵＦＯが入ってきて、自由自在に動かれて、何にもなす術《すべ》がない状況が出ていましたね？

質問者Ａ　はい（質問者注。「解禁！米政府ＵＦＯ機密調査ファイル」というドキュメンタリー番組を観始めていたところだった）。

ヤイドロン　まあ、ああいうものなので。地球のそうした軍備とか、ジェット戦闘《せんとう》機《き》とか、はっきり言って、もう蟻《あり》を相手にしているようなものなんですよ。そのくらいの落差があるので、「言葉が通じない」というか、言葉だけでなくて「概念が通じない」ので、厳しいんですよ。

質問者A　なるほど。

ヤイドロン　まあ、手が出ないことだけは理解できるらしいんですけど。

質問者A　そのUFOを目撃《もくげき》した人たちがおっしゃっていたのが、「その謎《なぞ》の物体は翼《つばさ》がない」ということでした。まずそこから、地球人的には「どうやって飛んでいるんだろう?」という……。

ヤイドロン　翼がない。

質問者A　翼がない。窓がない。

ヤイドロン　熱が出ない。

質問者Ａ　そうそう。

ヤイドロン　窓がない。どの方向にも動くことができる。そして、加速したら、秒速ですごい距離《きょり》を移動する。

質問者Ａ　（そのＵＦＯの移動を見て計算すると）時速六千キロはあるだろうと。

ヤイドロン　人間なら、そのなかにいられるはずがない。全部、分からない。意味不明。

質問者Ａ　全部、分からない感じですよね。

ヤイドロン　意味不明。「全部、意味不明」ということです。まあ……、かわいそうには思っているんですよ。「理解ができない」ということに対する同情はあるんですけどね。「理解ができない人たちに教えを説く」ということのつらさもまた、多少感じ取ってくだされば、ありがたいなと思っていますよ。

質問者Ａ　昨日、霊言をした結果、ヤイドロンさんも一晩、そのつらさを背負っていらっしゃったということですね？

質問者Ｃ　申し訳ありません（質問者Ｃは、前日の霊言〔第１章〕でも質問者を務めていた）。

質問者Ａ　申し訳ないです。

ヤイドロン　まあ、あなたがたが、クワガタに説教をしているようなものですから。

質問者Ａ・Ｃ　（笑）

質問者Ｂ　以前、公開霊言の際にご降臨くださったベガ星の主神・ヒーム様も、そもそも質問者とお話をされる気があまりなかった気がします。

質問者Ａ　確かにそうでした（苦笑）。

質問者Ｂ　あまり質問にお答えいただけませんでした（苦笑）。

ヤイドロン　かわいそうですねえ。この地球で救世主をすることはつらいわ。それ

●ヒーム様も……　エル・カンターレの本体とつながりのある、ベガの至高神的存在の主神ヒームは、「私は隠された存在」「私には地球人の発想は届かない」等の内容を語った。2018年11月12日収録「ベガの主神　ヒームの霊言」参照。

はつらいことだよ。

質問者Ａ　でも、さらに、「そのヒーム様を見ても、まだ理解できない人（自分たちより後れていると思う人）もいるし」というところですよね。「向こうから見たら、はるかに及《およ》んでいないのに」という。

ヤイドロン　まあ……。

地球の「原始性」に疲《つか》れを感じる

質問者Ａ　エル・カンターレからは何と呼ばれるのですか？　「ヤイドロン」と呼ばれるのですか？

ヤイドロン　まあ、今はそういうふうに呼んでいますが。

エル・カンターレも、もう本当に、いい……。

質問者A　「もう、いいんじゃないか」と？

ヤイドロン　「もう、いいんじゃないか」というか、この地球に置いておいても、かわいそうな感じもしてきているんですけどねえ。不自由な世界で、本当に……。

質問者A　まあ、それはそうですね。

ヤイドロン　お気の毒で。

質問者A　「これだけ働いても、人間はまったく聞く気はないし」という感じですよね。

ヤイドロン　まったく駄目《だめ》ですよね。

だから、それはもっと強圧《きょうあつ》的な人であれば、「聞かなければ、これだけの罰《ばち》を落とす」みたいなことを、古代人をいじめるようにやる手もあるんでしょうけどね。

ただ、私たちも力が抜けてしまって、もう言えないところがある。

あなたがたに必要なのは「鬼《おに》」ぐらいなんですよ、本当は。鬼が鉄棒を持ってきて、間違ったやつの頭をぺちゃんこにする。

質問者Ａ　でも、確かに、レベルとして考えたときに、まだ〝鬼レベル〟というか、日本昔話のあの世界ですよね。「自分のことばかり求めていたら、悪いことが起きるんだぞ」とか、「欲張りをしたら悪いことが起きるんだぞ」とか、あのあたりのレベルのことを、まだ言わないといけない感じはありますよね。

質問者C　そうですね。そのようなレベルですら守られていないことも多いように感じます。

ヤイドロン　まあ、進化しているんだか退化しているんだか、分からないですよね。そして、自《みずか》らの道徳規範《きはん》を選んで文明を高めようと思わずに、先般《せんぱん》、相手をちょっとしましたが、「『南無阿弥陀仏《なむあみだぶつ》』だけを言っていれば何をしてもいいんだ」みたいな。こんなことが広がったりするというのは、この「原始性」は、もう何と表現したらいいいんだろうという感じですよね。

質問者A　いやあ……。

ヤイドロン　いや、「原始性」がありますよ、本当に。いやあ、すごいです。すごい疲《つか》れを感じます、本当にね。

●先般、相手を……　2020年8月21日収録「浄土宗の何が問題なのか―祐天上人《ゆうてんしょうにん》／ヤイドロンの霊言―」のなかで、「南無阿弥陀仏と言えば、それで救われる」と語り、霊言の場に居座り続ける祐天上人の霊を、ヤイドロンが撃退した。

3　エルダー星と裏宇宙について

エルダー星ならば、コロナウィルスなどは一秒で〝殺菌《さっきん》〟される

質問者Ａ　まったく話は変わってしまうのですけれども、ヤイドロンさんは、エルダー星が出身地ということでよろしいですか？

ヤイドロン　まあ、いちおう、そういうことにしておきますけど。

質問者Ａ　もっと歴史は深いですよね？

ヤイドロン　もう、「宇宙の見取り図」をあなたがたに見せることができない。認

識不能なんですよ、もう本当に。
だって、あなたがたは、魂《たましい》もないようなウィルスに殺されまくっているんですから、もう信じられないですよ。
質問者A　もし、エルダー星にコロナのようなウィルスが発生したとしたら、みなさんはどういう態度を取るんですか？
ヤイドロン　一秒で終わりますよ。
質問者A　どういう感じで？
ヤイドロン　〝殺菌《さっきん》〟ですよ。

質問者Ａ　それは、今の地球人の一般《いっぱん》の人が聞くと、「ああ、やはり科学が進んでいるから、そういう殺菌する薬があるのかな」と思うのですけれども、そうではなくて？

ヤイドロン　そもそも、「人類型の宇宙人のなかに入って、増殖《ぞうしょく》してコピーをつくって、肺を侵《おか》して死に至らしめる」という過程ができないですよ。そういうものが入ってこられるわけがないので。

質問者Ａ　みんな、ウィルスと自分との……。分かるということですか？

ヤイドロン　ウィルスというのは、生物よりも下のレベルなので。

質問者Ａ　そもそも人体に入ることができない？

ヤイドロン　要するに、憑依《ひょうい》されているような状況《じょうきょう》に近いわけですけど。自分たちを……、要するに、人類が堆肥《たいひ》みたいになっていて、ミミズを養殖しているような状態になっているわけですよ。だから、ありえないんですよ。

質問者B　そもそも、エルダー星人の体のなかにはウィルスが入らないということですね？

質問者C　地球人のように体内で培養《ばいよう》されることがないと。

ヤイドロン　「ウィルスが人間の体で増殖して、次々と広がっていく」というようなことは、まさしく昔の、百年前の宇宙人の侵略《しんりゃく》の話みたいな感じですけどね。だけど、そもそもウィルスそのものが、魂の存在さえ疑われるような存在なので。

まあ、そんなことがありえるということ自体が、われわれには衝撃《しょうげき》ですね。

質問者Ａ　「地球人は、ウィルスも察知《さっち》できない人たちなのか」ということですか？

ヤイドロン　そういうものに「乗っ取られる」というか、「殺される」ということをしている。

質問者Ｂ　では、エルダー星の人は、例えば、インフルエンザや風邪《かぜ》など、そういうものには罹《かか》らないということですか？

ヤイドロン　低級なるものは低級なるものとして、存在してもいいかもしれないけど、高級なるものを侵すということはできないんだよ。

質問者A　ああ、波動《はどう》がそれほど違《ちが》うから、そもそもウィルスに憑依されることがないと。

ヤイドロン　あるいは、今の毎日のテレビのニュースを観《み》るかぎりは、もうウィルスの下僕《げぼく》になろうとしている感じですよね、人間がね。ウィルスのほうが強い。あちらが神になるかもしれないという状況ですから。

質問者A　確かにそうですね。

ヤイドロン　われわれから見ると、もうバカバカしくて、もう何とも言えないです。

「私たちは生命の始まり。死んだことがない。生き通しである」

質問者A　では、ガンなどもないということですか?

ヤイドロン　はあ……(息を大きく吐《は》く)。まあ、それは、この世で魂修行《しゅぎょう》を終えなければいけないことはありますけどね。

質問者A　でも、エルダー星は、肉体と霊体《れいたい》で特に差がないということですもんね。

質問者B　亡《な》くなるときには、病気になったりはしないのですか?

ヤイドロン　まあ、「亡くなる」ということの意味が、私たちにはよく分からないんですが。

質問者Ａ　では、もうずっとそのまま生き続けているということですか？

質問者Ｂ　霊体にアセンション、次元上昇《じょうしょう》するというような感じですか？

ヤイドロン　私なんかはもう、寿命《じゅみょう》がない。無限ですのでね。ずっとずっと、あなたがたが辿《たど》れる範囲《はんい》の記憶《きおく》以上のものを持っていますので。生き通しですので。

質問者Ａ　地球人の一般の、今の感覚から言っていいですか？　生き通しだと、もし結婚《けっこん》とかをなされたら、その人とずっと一緒《いっしょ》にいるのですか？

ヤイドロン　はあ……（ため息）。

質問者Ａ・Ｂ　（笑）

質問者Ａ　いや、もういいかなと思いまして。例えば、普通《ふつう》の地球人はそう思いますから。

ヤイドロン　はあ……（ため息）。私たちは生命の始まりなんですよ。

質問者Ａ　生命の始まり？

ヤイドロン　はい。死んだことがないんです。姿を変えたことはあっても、死んだことはないので。生き通しなんです。

質問者B　でも、以前伺《うかが》ったお話だと伴侶《はんりょ》のような存在はいらっしゃるわけですよね？

ヤイドロン　それはね、都合《つごう》上、文明によっては。

質問者A　ああ、そうか。生き通しの命だけれども、いちおうエルダー星のなかでも文明が変わることはあると。

ヤイドロン　文明によって、姿形《すがたかたち》を変えていくことはあります。

質問者B　では、伴侶も変わっていくということでしょうか。

ヤイドロン　まあ……。もう、そういう……。

質問者Ａ　私たちの感覚からいくと、そういう発想になりますよね。

質問者Ｂ　伴侶は一人ではないのですか？

ヤイドロン　伴侶とかいう、もう……。

質問者Ａ　ヤイドロンさんには、子供はいるんですか？

ヤイドロン　低級な感じで、もう……。

質問者Ａ　以前、お父さんとお母さんがいらっしゃると言われていました。

ヤイドロン　ああ……。ええ、必要があればできますよ。

質問者Ａ　（笑）すみません。

ヤイドロン　例えば、そういうふうに見せないかぎり、お付き合いができない場合は、そういうふうにしますけど。

質問者Ａ　ああ、ほかの星の人と。

ヤイドロン　ええ。そういう理解でしか分からない人には、そういうふうに現れることはありますけどね。

エル・カンターレの認識では、宇宙は〝シャボン玉の一つ〟ぐらい

質問者A　ヤイドロンさんは、やはり、エル・カンターレからポコッと分光《ぶんこう》してできたということですか？

ヤイドロン　うーん……。ですから、エル・カンターレの認識だと、あなたがたが見ている暗黒の宇宙自体がもう、〝シャボン玉の一つ〟ぐらいなので。だから、宇宙全体が小さな細胞《さいぼう》の一つぐらいなんですよ。それがどういうものの細胞の一つなのかが、あなたがたには理解ができない世界でいるんですよね。

質問者B　以前、エルダー星にも救世主がいて、「マイトレー」という女性の救世主だと言われていたのですけれども、あれは……。

ヤイドロン　うーん。まあ……。

質問者B　方便《ほうべん》ですか？

ヤイドロン　私たちの星の高等住民は、ほかの星に行けば、みんな救世主なんでね。

質問者A　エルダー星では、エル・カンターレは何という名前になるのですか？

ヤイドロン　うん？

質問者A　いわゆる創造主というか。地球だと「エル・カンターレ」ですけれども。

ヤイドロン　いや、今は、「地球の方《かた》」とか呼んでいますよ。

質問者A　ああ。「地球に行った」とは思っているんですね。

ヤイドロン　今、地球で縛《しば》られていますから。地球一つを抱《かか》えていますのでね。

質問者A　エル・カンターレは、エルダー星にいたことはあるのでしょうか？

ヤイドロン　ええ、まあ……。はあ……（ため息）。もう、卒業したほうがいいですよねえ。

質問者A　地球をですか？

ヤイドロン　こういう宇宙はもう、卒業したほうがいいかもしれませんね。

だから、あなたがたから見れば、私たちは伸縮《しんしゅく》自在で、出現も、消えることも自由な正体の分からない存在だけれども、私たちの本来の姿から見れば、少なくとも、「姿形を現して、人間様《よう》の生き物として話をして、活動して、食料を得て、水を補給して生きている」というのは、あなたがたにおける、地上に肉体を持って生まれ変わるのと同じようなことなんですよ。

質問者B　おそらく、エル・カンターレは地球にいつ来たとか、そういうことではなくて、宇宙のさまざまな星に同時存在したり、宇宙のなかのいろいろなところに遍在《へんざい》されているということではないでしょうか。

質問者A　なるほど。

ヤイドロン　もう面倒《めんどう》くさいから〝南無阿弥陀仏《なむあみだぶつ》〟にしておいたほうがいいんじゃ

ないですか。

質問者A・B　（笑）

質問者A　あと、「闇《やみ》宇宙」というものがあるじゃないですか。「闇《やみ》宇宙の根源」は「人間のダークな部分の〝創造主〟」でもある

ヤイドロン　はい。

質問者A　その「闇宇宙」というのも、途中《とちゅう》からできたのですか？

ヤイドロン　いや、だからねえ、宇宙が一つの細胞でね、いろんな細胞があるわけだけどね、その細胞を侵食している存在があるということですよね。宇宙の細胞と

細胞の間、「愛の力」で結びつけられているものをね、それを破壊《はかい》しようとしているものがいるということですね。

質問者A　やはり、「破壊しようとしているエネルギー体」というか、そういうのも、また神がよしとされて、〝創られた〟というとちょっとおかしいと思うのですけれども……。それとも、そもそもなかったのに、途中からそういう作用が生じてきてしまったということですか？

ヤイドロン　はあ……（ため息）。だから、あなたの一日のうちの〝ダークな部分〟ね。それの〝創造主〟がいるわけですよ。

質問者A　ああ、なるほど。いろいろな人がそういうものを出した結果、できているということですね。

ヤイドロン　一日中ね、怒《おこ》ったり、怒鳴《どな》ったり、怒《いか》ったり、嫉妬《しっと》したり、腹が減って発狂《はっきょう》しそうになったり、「くたびれた」と言って倒《たお》れ込《こ》んだり、いっぱいしているじゃないですか。そういうものの発生源があるわけですよ。それが闇宇宙の根源なんですよ。

質問者Ａ　では、地球人と宇宙人みんなの、そういう想念がつくり出したものということですか？

ヤイドロン　地球人と宇宙人以外のものです。

質問者Ａ　でも、生み出したのは私たちではないのですか？

ヤイドロン　違います。そちらの〝根源さん〟がいて、あなたがたにそれが入っているだけです。

質問者A　では、（光と闇の）「二元論」ということですか？

質問者C　今の話でいくと、悪なる部分を創った存在がいるという……。

ヤイドロン　光だけではね、宇宙はできないんですよ。

質問者A　では、悪の側にも〝創造主〟がいるということですか？

ヤイドロン　はあ……。光と闇がぶつかったところにね、そこに、その衝撃波が生み出すんですよ、存在を。

質問者B　では、私たちの魂のなかには、「光の部分」も入っていれば、「闇の部分」もあるということですか?

ヤイドロン　そうです。

質問者A　〝妖怪《ようかい》人間べム〟ですね。

ヤイドロン　まあ、そんなものです。

質問者A　あれは、「善と悪の両方があるから人間なのだ」というような発想なんですよ。

ヤイドロン　そうです。

質問者A　そういうことですか。

ヤイドロン　だから、常に引っ張り合っているので。

質問者C　では、人間のなかに悪の気持ちが大きくなったら、価値観が引っ繰《く》り返るというような危機も……。

ヤイドロン　そうですよ。引っ繰り返るときにそれを戻《もど》して、均衡《きんこう》を取り戻すのが私たちの仕事なので。

4　ヤイドロンの役割とUFOについて訊《き》く

モーセやヤハウェとの関係について

質問者Ａ　すみません。本当にあれなんですけれども、ヤイドロンさんを理解するに当たり、「レプタリアンで、アニマを取って生きている」というような感じで捉《とら》えている人も、ちらほらいると思うのですけれども……。

ヤイドロン　あなたもお腹《なか》が空《す》けばねえ、ステーキ丼《どん》を食べていますね。

質問者Ａ　そうそう。人間も、「食べる」ということをするので、それと同じ形態ではあるということですよね？

●アニマ　生き物の魂、霊魂《れいこん》のこと。ヤイドロンは、2018年10月21日収録「UFOリーディング（ミスターＲ②、ヤイドロン④、いるか座インドール星）」のなかで、「アニマ貯金」でアニマを蓄積することができ、それを生きていくエネルギーに使うことができると語った。

ヤイドロン　まあ、それはねえ、「この世性《せい》」という名の要素を何か吸収しないと、この世に存在できないんですよ。

質問者A　ああ。いちおう、ＵＦＯに乗ってこの世の上空にいるときは、やはり「この世的な姿」になるということですね。

ヤイドロン　いちおう、そういうことになりますね。

質問者A　ヤイドロンさんは、モーセと関係があったりするのですか？

ヤイドロン　まあ、それは、その時代も多少出現していますからね。

質問者Ａ　ああ。「モーセそのものと、つながっているわけではない」ということですか？

ヤイドロン　まあ、モーセを導いた「火の柱」みたいな存在でしょうね。

質問者Ａ　最初に来られたとき、ヤハウェも、その星と関係があるようなことをおっしゃっていたと思うのですけれども。

ヤイドロン　いやあ、あなたに分かるように言うには、「私も、虎柄《とらがら》のパンツをはいて鉄棒を持った鬼《おに》です」と言う以外に、もう説明ができないので、そう言っているだけで。

質問者Ａ　最初のＵＦＯリーディングのときに、そういうことをおっしゃっていたと思うのですが、ヤハウェとは関係があるのですか？

ヤイドロン　ええ。ですから、私は、「裁判官」と「検察官」と「政治家」を兼《か》ねているような存在ですのでね、その機能の一部は、ヤハウェの持っている機能の一部と重なってはいるでしょうね。

とにかく、あなたのいちばん好きなタイプなんですよ。悪を滅《ほろ》ぼすんですよ、私は。

質問者A　（笑）

ヤイドロンは正義のルールをつくり、執行《しっこう》もする

質問者B　「裁判官 兼《けん》 政治家」ということは、エルダー星のなかにも悪いことをする人がいるということですか？　それとも、価値観の相違《そうい》を収めるということで

しょうか？

ヤイドロン　だから、ルールをつくりますので、その時代のね。

質問者A　ルールをつくる。

ヤイドロン　それに従わない者は、追い出しを受ける。必然的にそれが悪になる。

質問者B　なるほど。

ヤイドロン　だから、そのなかで置けば、刑務所《けいむしょ》に入り、外に出れば、どこかに流されるということですね。

質問者A　では、やはり、ルールをつくるお一人ではあるということですね。そういう「ルール」とか、「神の正義は何か」というものをつくっている一人ではあると。

ヤイドロン　執行《しっこう》もしますけどね。

質問者A　執行もする。なるほど。

ヤイドロン　だから、それが、逃《に》がせる場合には、レベルが合った星があれば、そこに行かせる場合もあるということですね。移住。

「レプタリアン族」といわれているようなものの一部は、まあ、その当時の地球の波動《はどう》とレベルが合っているので送られたものもいるということですね。

質問者Ｃ　ちなみに、エルダー星には、他の星に行けばメシアクラスになる方がたくさんいらっしゃるということですけれども、地球で言うところの職業というか、役割としては、ほかにには、どういった方々がいらっしゃいますか？

質問者Ａ　確かに。みんなが裁判官というわけでもないですよね？

ヤイドロン　まあ、もうちょっと創造的な仕事を中心にしている人たちもいます。「現状の平衡《へいこう》感覚というか、安定感覚を維持《いじ》する役割の人」もいれば、「まだないもの、新しいものを創造することを仕事にしている者」もおりますし。

今、あなたがたの世界で、機械やロボット、コンピュータ等がやっているような仕事に相当することを体現している人たちも、いることはいますね。

「神の隣《となり》に座《すわ》りたがる弟子《でし》たち」からの嫉妬《しっと》

質問者A　ヤイドロンさんを「エルダー星」でくったら申し訳なさそうなので、「ヤイドロンさん」（というエネルギー体）だとすると、ヤイドロンさんは、どういうときに幸福というか、喜びを感じるんですか？

ヤイドロン　はああ……（ため息）。いやあ、あまりないですねえ。不愉快《ふゆかい》な毎日が続いていますから。そんなにはないですね。まあ、泥《どろ》をかぶって仕事をしているようなものですよ、いつも。

質問者A　確かに。本当に、それは……。

ヤイドロン　いつもいつも、そうですよ。

最近、〝草津《くさつ》の赤鬼と競争させられている〟ような状態ですから。

質問者Ａ　（苦笑）いえ、そんな、競争なんてさせていませんが、私たち地球人の悟《さと》りのレベルが低いので、仕事としてそうさせてしまっている面はありますね……。

ヤイドロン　はああ……（ため息）。まあ、ほかにねえ、できる仕事がありませんので、もう、しょうがないんですけれども。

質問者Ａ　でも、ヤイドロンさんから出るワードというのは、昨日《きのう》は「ウィズ・セイビア」「救世主とともに」でした。その前の公開霊言《れいげん》では、「主を護《まも》る心掛《こころが》け」で、いつもそういう感じで、一貫《いっかん》した言葉が出てきているなと思うのですけれども、やはり、いちばん大切にされている言葉なのでしょうか。

●その前の公開霊言　2019年12月7日収録の「ヤイドロンの霊言・主を護る者の心掛け」。『イエス　ヤイドロン　トス神の霊言』（前掲）参照。

質問者B　エル・カンターレをお護りしたり、エル・カンターレのお仕事が進むのが幸せということですか?

ヤイドロン　はああ……(ため息)。言葉を選ばないと難しいですからねえ。いやあ、ねえ、地球のみなさまがたも「嫉妬心《しっとしん》」というのをお持ちでね、それを集合させられるとね、けっこう手強《てごわ》い……、大変ですので。

質問者A　そうなんですよ。昨日もですが、ヤイドロンさんの収録をするたびに、確かに、「嫉妬されているのかな」と思うことがあります。嫉妬されるというか、競争ではありませんが、ヤイドロンさんに対して、「そうは言っても、自分たちのほうが(偉《えら》い)」というようなものが来るような気がするんです。

ヤイドロン　ですから、できるだけ遠回しに、縁《えん》の下から庇護《ひご》しているようにやって、あまり主役にならないように努力しているんですけどね。

まあ、数多《あまた》の弟子《でし》たちが嫉妬するところもありますので。「自分たちが、神の右に、左に座《すわ》りたい」という気持ちを持っている方がたくさんいらっしゃるので。

私の居場所は、そういうところにはないものですから。

質問者Ａ　その言葉が、ヤイドロンさんを理解するための一つのキーワードなのかなと思いました。本当に、今、宇宙の方々のお力なくしては、総裁先生をお護りできないので。

ヤイドロン　それは、あなた一人の頭を通して、理解され、表現されていることでして。大部分の人たちは、ウィルスを見たこともないのに信じているのと、同じようなものなんですよ。

質問者A　確かに、そんな感じがありますよね。

ヤイドロン　いやあ……、まあ、〝原始人の気持ち〟を勉強してください。そうすると、彼らの気持ちがよく分かるようになるから。

先ほどの映像を観《み》ていても、「米軍機が追跡《ついせき》したり飛び回ったりしたら、UFOたちの群れが逃げ去った」とか言っていたけど、私たち、別に逃げているわけじゃなくて、ジェット機の速度があまりに遅《おそ》いために、いつの間にかいなくなっているだけのことなので（笑）。

質問者A　（笑）「あれっ？　ついてきていないぞ」と、UFOのなかでは思っているということですね。

ヤイドロン　まあ、亀《かめ》が走って、後ろからついてきているようなものだから。

質問者Ａ　「遅い！」というような感じですか。

ヤイドロン　そうです。だから、もう話にならないレベルなので。

「縦型で静止していたヤイドロンのＵＦＯ」について訊《き》く

質問者Ａ　でも、これだけＵＦＯの目撃《もくげき》があっても、それすらまだ信じられない人が多いですからね。幽霊《ゆうれい》だと目に見えない人が多いかもしれませんが、ＵＦＯだと、同時に複数人で目撃している人などもけっこう多いのに、いまだに「ＵＦＯはいるか、いないか」という感じで、闇雲《やみくも》のままですしね。

ヤイドロン　まあ、映像そのものはつくることができますからね。光って、白いものが飛んでいればいいんでしょ？　つくれないことはないですからね。

ただ、ここ（幸福の科学）では、宇宙人の気持ちを、今、（霊人《れいじん》の）霊言と同じように表現する試みをしているわけですが、この次元までついてくるのは、なかなか大変なんだろうなとは思いますよ。

質問者A　そうですね……。

●この間、ＵＦＯの写真を撮《と》ったときに、縦に光っている、ヤイドロンさんやメタトロンさんの軍団のＵＦＯフリートのようなものが撮れたのですが、あのときは、どのようなＵＦＯだったのですか。

ヤイドロン　横だとねえ、（ＵＦＯが）飛んでいっちゃうんですよ。縦にするとね、止まるんですよ。だから、静止するために縦になっているので（笑）。

●この間、ＵＦＯの写真を……　2020年8月10日、大川隆法総裁によって発見されたUFOを撮影した写真のこと。丸印はUFOの位置を示しており、UFOフリートが写っていることが分かる。※全体写真はカバー袖にカラー写真を掲載。

質問者Ａ　なるほど（笑）。でも、縦型というのは珍《めずら》しかったんですよ。

ヤイドロン　いや、止まって、観察しているから。

質問者Ｂ　縦だと止まって、飛んでいくときに横になるのではないですか。

質問者Ａ　それで、縦になったのですか？

ヤイドロン　飛ぶときは、横にスッと行っちゃいますから。縦にしたら止まれるので。

質問者Ａ　すみません。また地球人の感覚で、この間、話していたのですけれども。

総裁先生も、「これは、たぶん、縦になったり横になったりするんだろう」とおっしゃっていたのですが、私は、そのとき、「なかにいる人たちは、どうなるのかな」と思ったんです。

ヤイドロン　いやあ、どうにもならないですよ。一緒《いっしょ》ですよ。

質問者Ａ　あっ、変わらずに……。

質問者Ｂ　なかの空間は、あまり変わらないようにできているのではないでしょうか。

ヤイドロン　はい。

質問者Ｂ　何か、「横になって縦になる」みたいなのは、映像でありましたね。

質問者Ａ　ありましたか、ほかにも。

ヤイドロン　自分が思うスタイルでいられるので。あとは、それ以外にも「回転」というのがあるでしょう？　あれで〝メリーゴーランド〟だったら、目が回るじゃないですか。ねえ？

質問者Ａ　自分たちは静止していて、要するに、外の器《うつわ》が回っていたり、形が変わったりしているということですね？

ヤイドロン　ええ。もう、外は回っているけど、私たちは別に、自分の好きな状態でいられるので。

これも説明するのは難しい。あなたがたの認識と違《ちが》うから。

ＵＦＯが光速を超《こ》えると異次元世界に上がっていく

質問者Ａ　宇宙人の方で、「ＵＦＯに乗ると酔《よ》う」という人もいたんですよ。ヤイドロンさんたちになると、酔うことはもうないんですか。

ヤイドロン　まあ、「酔う」という人は、たぶん、乗せてもらっているような人でしょう。自分の独自のものはあまり持っていないので、ほかのものに乗せてもらっているような方々でしょうね。

質問者Ａ　なるほど。

ヤイドロン　ＵＦＯそのものが、地球から見れば、「幽霊」とそう変わらないような存在ですから。姿を現したり、消えたりするんでしょう？　幽霊だって、この世に姿を現したり、消えたりするんでしょう。これは似たようなものですから。

実際に、（ＵＦＯは）時空間としては、この三次元を超《こ》えてしまうことはあるので。三次元の、いわゆるジェット戦闘機《せんとうき》の十倍とか、そのくらいの速度で飛んでいるうちは、まだ三次元存在ですけどね。そのうち、加速すると、光速を超えてしまうことがあるんですよ。

光速を超えると、もう三次元世界から抜《ぬ》けて、異次元世界に上がっていきますのでね。

質問者Ａ　分かりました。

宇宙人を認識している中国の女神《めがみ》・洞庭湖《どうていこ》娘娘《ニャンニャン》

質問者Ａ　また全然、話は変わるのですが……。

ヤイドロン　「味噌《みそ》ラーメンは、おいしいですか」とか訊《き》かないでください。

質問者A　（笑）以前、食料についても、いろいろお訊きしたことがあるような気がするんですけれども。

最近、「洞庭湖娘娘《どうていこニャンニャン》」という方と霊言でよくお話しするのですが、洞庭湖娘娘さんは、「ヤイドロンさんのことを知っている」と言っていたんですよ。「たまに水補給に来ます」と。

ヤイドロンさんとしても、「それで正しい」ということでよろしいですか？

ヤイドロン　はあ……（ため息）、まあ。いちおう異次元存在ではあるのでね。

質問者A　知ってはいらっしゃる？

●洞庭湖娘娘　中国湖南省《こなんしょう》北部にある中国第二の淡水湖《たんすいこ》・洞庭湖の女神《めがみ》。『大中華帝国崩壊への序曲―中国の女神 洞庭湖娘娘、泰山《たいざん》娘娘／アフリカのズールー神の霊言―』（幸福の科学出版刊）等参照。

ヤイドロン　あなたがたと話をするよりは、話はしやすいですよね。

質問者Ａ　なるほど。では、ヤイドロンさんも知っているということですね？

ヤイドロン　まあ、異次元存在でも、他の「幽霊」のように、この世に縛《しば》りつけられているものは、それは認識は難しいですけれども、もうちょっと高次元の存在になってくれば、私たちを認識できることは多いので。それは、たまたま行っているときに話をすることは……。

質問者Ａ　ある？

ヤイドロン　可能ですよね。

質問者Ａ　なるほど。分かりました。

ヤイドロン　向こうの認識力にもよりますけどね。認識できる範囲内《はんい》に行ったら、会話はできます。

ただ、あなたがたが江戸《えど》時代の幽霊みたいに認識している「お菊《きく》さんだ」「お岩《いわ》さんだ」というレベルなら、われらと会っても話は難しいでしょうね。何だか分からないと思いますから。

まあ、われわれも「妖怪《ようかい》」か何かに分類されてしまうかもしれませんが（笑）。

質問者Ａ　確かに（笑）。見られたら。

ヤイドロン　理解不能ということで。

「河童《かっぱ》」の話は日本には多いですけど、多分に「グレイ」が見られているんだろうとは思いますがね。

質問者Ａ　ああ。やはりグレイが……。

ヤイドロン　グレイは、どう見ても、日本人には河童に見えるでしょう。

質問者Ａ　確かに、そうですね。ちょっと、身長も小柄ですしね。

ヤイドロン　背中に背負っている「亀の甲羅《こうら》」みたいなやつは、あれは宇宙を移動するときの装置の一部でしょうね。そういうものも入っているとは思います。

5　宇宙における地球の位置づけとは

中国と他国の争いは〝カブトムシの喧嘩《けんか》〟にしか見えない

ヤイドロン　まあ、いろんな星から来て、地球でリーダーになろうとして、そのリーダーの立場から駆逐《くちく》された者たちのなかには、いろんなかたちに変化しながら存在している者もいるでしょうね。

ただ、地球も、少ーし少ーし窮屈《きゅうくつ》な感じが、今、もう出てきてはいるので。もうちょっと、どうにかしなければいけないかなという気は出ていますがね。はあ……（ため息）。

質問者C　その「窮屈さ」というのは、先ほどおっしゃったように、やはり、「地球人が原始人に見える」といった、心境のレベルの低さという……。

質問者Ａ　レベルが上がらないからですか？

ヤイドロン　いや、つまらないですよね、本当に。

質問者Ｃ　はい。

ヤイドロン　中国と他国の争いなんかを見ていても、それは、カブトムシやクワガタが、蜜《みつ》が出る木で、場所取りで喧嘩《けんか》をしているような、相撲《すもう》を取っているようにしか見えないですよね。そんな感じですかね。

それぞれの立場で地球をウオッチしている惑星連合《わくせいれんごう》の人々

質問者A　最初のころは、「惑星連合《わくせいれんごう》」という存在自体があるということはいろいろと聞いていたんですけれども、さらに、そのあと、ヤイドロンさんやR・A・ゴールさん、メタトロンさんなどが姿を出してくださいました。そうしたみなさんは、惑星連合と同じ枠組《わくぐ》みのような感じなのでしょうか。

ヤイドロン　まあ、それは、地球人に「惑星連合の中身の全体」を教える必要や、「誰《だれ》がリーダーで、何をしているか」まで教える必要はありませんので。

あなたがたの利害にかかわる者だけが出てきているということで、よろしいのではないですか。

質問者A　なるほど、なるほど。そうですね。

ヤイドロン　それは、「あなたがたのことを、こういうふうに毎日ウオッチしている人」もいれば、「パラオ諸島で生きている人たちを見ている人」だっているわけですから。

質問者Ａ　はい。分かりました。

ヤイドロン　すみませんね。私から、何か疲《つか》れの波動《はどう》を感じてしまったかも。

質問者Ｃ　いえ、こちらこそ先日に引き続き、お手数をおかけしてしまいました。

質問者Ａ　いえ。総裁先生も、地球人に対して話をしようと思って（霊言《れいげん》収録を）されたあと、「ヤイドロンさんも、今の地球の、世界の現状を見ながら話をして、たいそう疲れたんじゃないか」ということをおっしゃっていました（苦笑）。拝聴《はいちょう》している方々も、ヤイドロンさんに対して、「天上界《てんじょうかい》の高級霊とも違《ちが》うご存在で、どう理解するか。そのまま信じてよいのか」というようなこともあったりするのかもしれませんし。

ヤイドロン　ときどき、私たちもね、ある種の絶望感に近いものとか、もう、ただ一人、宇宙のどこかへ飛んでいきたい気持ちになることもありますよ。

質問者Ａ　「地球を見ていたら」ということですか？

ヤイドロン　あなたがたと、かかわっているとね（笑）。

質問者Ａ・Ｃ　（苦笑）

ヤイドロン　もう、あまりにも、あまりにも、もう……、どうでしょう。「足し算ができない、引き算ができない小学一年生」みたいなところがあるので。うーん……、ちょっとつらいですね。

まあ、大川総裁も、そうならないことを祈《いの》りたいとは思いますがね。教団の職員を相手にしていると……、もう絶望の果てに、裏宇宙に行きたくなったり、宇宙の果てに飛んでいきたくなったりしないといいですね。

質問者Ａ　でも、そういう気持ち……、まあ、それはそうですね（苦笑）。

地球人は「上野《うえの》のパンダ一家と変わらない」？

質問者Ｃ　そういった、地球に対して少し疲れた感じのなかでも、それでも、やっぱり、日々……。

質問者Ａ　そうです。今日も来てくださって、ありがとうございます。

質問者Ｃ　はい。来てくださって、本当にありがとうございます。

質問者Ｂ　ありがとうございます。

質問者Ｃ　その理由は、やはり、「エル・カンターレ、救世主が地球でまだ仕事をしてくださっていることを大事にすべきだ」ということなんでしょうか。

ヤイドロン　はあ……（ため息）。いやあ、あなたがたは本当に、上野《うえの》のねえ、パンダ一家と変わらないんですよ。

質問者C　（笑）

ヤイドロン　そういうふうな目で見られているので、ええ。「地球では、まだあれだって。妊娠《にんしん》して、出産して、子育てをしているんだって」というような、まあ、そんな感じで見られているので。

質問者B・C　（笑）

質問者A　確かに（笑）。もっと進化しているところは、こういう形態ではないんでしょうね。もっと、手がかからなかったりするんでしょうね。

ヤイドロン　ええ。「あの世が見えないようにして、転生輪廻《てんしょうりんね》をさせて、肉体に宿らせる」みたいな文明実験をやっているところは、ほかにもありますけどね、ほかにも星がありますけど。本当に魂《たましい》だけが存在しているところと、魂と物質界を行ったり来たりしているところと、両方ありますのでね。

質問者A　でも、二〇一八年の夏に、「宇宙時代の幕開け」という御法話《ごほうわ》を先生がしてくださったときに、「地球は、そんなに進んでいないかもしれないけれども、精神性の部分では、ほかの星の人々でも学べるところがあるのだ」ということを……。

ヤイドロン　まあ、〝社交辞令〟も入っていますから、気をつけてくださいね。

質問者A　（苦笑）「精神性すら低いぞ」という感じですね。唯物論《ゆいぶつろん》ですものね、今。

●「宇宙時代の幕開け」　2018年7月4日、埼玉県・さいたまスーパーアリーナにて開催された御生誕祭の法話。『青銅の法』（幸福の科学出版刊）所収。

ヤイドロン　そうでも言わないと、もう……。

質問者Ｂ　「原始的な、爬虫類《はちゅうるい》型の人たちなどからすれば」ということかもしれません。

質問者Ｃ　そうですね。

質問者Ａ　なるほど。ヤイドロンさんに言う言葉ではなかったですね。

ヤイドロン　いや、私らから見たら、「エル・カンターレは〝ご苦労さん〟だなあ」とは思っていますよ。こんなにいろんな、多様なものを受け入れて。

質問者Ａ　確かに。

ヤイドロン　そうとう無理をきいてくださる方なんでしょうね。嫌《きら》えば、それでいいので。「来るな」と言えば。

地球で行われている「魂《たましい》の創造」や「魂の進化」の実験とは

質問者A　（UFOリーディングなどで）それぞれの星のお話を聞くと、「似ている種族の人たちが集まっていることが多いのかな」と思ったんですけれども、「地球は、いちおう、多様な人たちの坩堝《るつぼ》のようになっている」ということなのでしょうか。

ヤイドロン　まあ、そういうことですかねえ。

いや、もしカブトムシとクワガタしかいない星に行ったら、彼らは宇宙人ですから、その星ではね。そういうところもあるでしょう。「やっと植物が生《は》えて、木が生えて、カブトムシやクワガタ出てきた。これが、最高度に進化している生物」でしょうね。

質問者Ａ　いや、総裁先生は、本当に愛が深い……。

ヤイドロン　地球では、だからねえ、「魂《たましい》の創造」もなされているんだろうと思うんですよ。微細《びさい》なものから、だんだんにね、いろんな高度なレベル、いろんなレベルの多様なものが存在することで、それに魂を宿らせることで、何億年もかかる「魂の進化」の過程の実験もやっていると思うんですよ。

「それを次は、近くのペットとかね、そういうところまで進化させて、その次に、人間に出てくる」という、その魂の進化の実験もしていると思うんです。

質問者Ａ　なるほど。

ヤイドロン　多くなりすぎると、過去にもあったように、「文明の消滅《しょうめつ》」ということも起きているんだと思うんですね。今、ちょうど、そういうところに掛《か》かってきているところはあるかもしれませんねえ。

まあ、太陽の陽《ひ》が射《さ》さなくても、モグラは生きていきますからね。生き残ります。そうすると、太陽の陽がないと生き残れない生物は死に絶えますが、今度は、モグラが独自の進化を始める。地下帝国《ていこく》をつくり、やがて地上に出ることを考えるようになる。まあ、例えばね。

そういうふうに、生命実験というのは、いくらでもあるんですよ。

ＵＦＯ関連については難しいですが、あなたがたの文明では手に負えないので。しかたがないので、ごく一部の人が、通訳、ガイドをするしか方法はないですよね。

だって、宇宙人が自由に道路を歩いたり、交差点で立ち止まっているところとか、あまり見たくないでしょう、おそらく。

質問者Ａ　（笑）姿が違ったら、けっこう衝撃《しょうげき》ですよね。

宇宙人の技術では、水をつくることも瞬間《しゅんかん》移動させることもできる

質問者Ａ　本当に長くなって申し訳ありません。最後のほうの質問なんですけれども、地球の人のなかには、「宇宙にも生命体が存在するには、そこに水がなければ、生物は存在できないのだ」ということを言う人がいます。

本当に、水がないと生物は存在できないのでしょうか。ほかの宇宙人の形態もそうなっているんでしょうか。

ヤイドロン　水はねえ、いくらでもつくれるんです、本当は。

質問者Ａ　ああ！　水をつくる技術を持っている種族からすると、その星に水がな

くても、「別に、自分たちでつくれるからいい」ということですか?

ヤイドロン　水はつくれるんです。私たちのレベルだと、元素《げんそ》記号で表されるものを自由に組み合わせてものをつくることは、もうできるんです。つくろうと思えば、つくれます。

質問者A　「ほかの星には水がある痕跡《こんせき》がないから、宇宙人はいないのだ」ということを言っている人もいると思うんですけど。

ヤイドロン　そこに生命を誕生させ、住まわせるんだったら、水をつくります。

質問者A　ああ。「つくり出す」と。

ヤイドロン　そうだし、例えば、移動させることもできます、星から星へ。ええ。「ここは生命の実験場《ば》としては必要のない星だけど、水がある」という星から、ほかの星に水を瞬間《しゅんかん》移動させることだって可能です。

質問者A　すごいですね。水を瞬間移動とは、本当に。

ヤイドロン　その場合は、「その星には、突如《とつじょ》〝ノアの洪水《こうずい》状態〟が起きる」ということですね。

いや、そのくらい、もう何でも可能なんですよ。ただ、それを言うと気の毒で、あなたがたが、どんどんどんどん、過去の原始時代に戻《もど》っていくように聞こえるから、あまり言うのはつらくて、言えないんですけどね。

地球が「監視《かんし》対象および保護対象」になっている理由とは

質問者A　本当に、昨日《きのう》に引き続き、今日もありがとうございます。

ヤイドロン　ただ、「生命をつくり出して、成長させて、多様化させる機能を果たす役割」を地球は持っているので、その意味では、「貴重な生命実験の場である」ということで、いろんな宇宙から来て、「この生命場《ば》を護《まも》らなくてはいけない」と思っているので。自分らも生まれたりすることもあるので。

ということで、「監視《かんし》対象になっている」「監視および保護対象になっている」ということですね。

だから、「自分たちで文明を滅《ほろ》ぼして、それが、いい方向に滅ぼすならいいけれども、悪い方向に滅ぼすようなら、介入《かいにゅう》することもありえる」ということですね。

H・G・ウェルズの『宇宙戦争』みたいなものが起きるかどうかは知りませんが、

あんなに単純に、われわれがウィルスにやられて滅びることはありませんね。ウィルスにやられるのは、人間のほうです。

質問者Ａ　なるほど。ヤイドロンさんは、本当に愛深いですよね。

ヤイドロン　優《やさ》しいんですよ。

質問者Ａ　いえ、本当に、公開されていない霊言のときにもお話をさせていただくことがありますけど、結論としては、「愛深いなあ」と私は思っているんです。
今、ヤイドロンさんが、一部の形態を取って自分のことを表現しているだけでも、みんなはその視点からだけ見ているから、たぶん、謎《なぞ》に包まれすぎているところがあると思うんですけれども。
あと、「レプタリアン」というワードだけで……。それがヤイドロンさんのすべての姿ではないと思うんですけれども。

ヤイドロン　はい。だから、「宇宙から来た宇宙人」みたいに言わないかぎり、あなたがたは理解できないから。

質問者Ａ　できないですからね。

そういう一形態を取って、そのときの仕事に応じて言っているところがあると思うんですけど、「それだけでみんな判断をすると、間違えるのかな」と思いました。

ヤイドロン　あなたがただって、他の国に留学したりしたら、人間としての見識に違いが出てくることはあるけれども、もし、生きながらにして、一瞬でほかの星に行って、そこでの生活をして帰ってきたとしたら、〝浦島太郎《うらしまたろう》化〟して、なかなか、それを表現することは難しいだろうとは思いますね。

6　地球人へのメッセージ

「主の言葉についてくる人たち」をつくらないといけない

質問者Ａ　では、最後に総論として、何かメッセージはございますか。

ヤイドロン　うーん……。「エル・カンターレが出た」ということでね、「地球は、もう一段、未来を引き寄せるようにならなければいけない」とは思っているんですけれども、これからしばらく来る崩壊《ほうかい》とか混沌《こんとん》で、逆に、退化しているように見える時期が続くかもしれないですね。

そういうときは、ちょっとつらいかもしれないけれども、やっぱり、そんななかで、「主の言葉についてくる人たち」をつくらないと。小賢《こざか》しい頭で判断して、自分なりの善悪で判断するような人ばっかり、いっぱい出てきても、しかたがないかなと思います。
教団のなかにもいるし、信者のなかにもそういう人はいっぱいいて。早い話が、「現世利益《げんせりやく》的に、自分たちの仕事にプラスになったり、自分の出世や昇進《しょうしん》にプラスになったりする範囲《はんい》内で信じて、そうでないものは聞かない」というような人は、けっこういるんじゃないかと思いますがね。まあ、しかたがありません。
エル・カンターレの孤独《こどく》を慰《なぐさ》めて、最後まで支えるのも、私の仕事の一つかと思っていますので。

質問者A　はい。

ヤイドロン　そういうレベルであることは、われわれには分かっているから、どうか、人類のあり方に絶望しないでいただきたいと思っています。

「悟《さと》りの塊《かたまり》が、実は神なのだ」ということ

質問者Ａ　昨日《きのう》のワードと結局一緒《いっしょ》で、「ウィズ・セイビア」というか、「『エル・カンターレとともに歩もう』という心を強くしないといけない」ということですね。

ヤイドロン　そうですね。ただ、肉体に宿っている段階でね、水のなかを泳いだりしているのと同じようにですね、一定の抵抗《ていこう》はかかりますからね。そういう意味では、「心という存在を鍛《きた》えることができる、貴重な機会ではあるのだ」ということです。

質問者Ａ　なるほど。

ヤイドロン　「肉体があるから迷わされて、真実が見えなくなる」という弱点もあるが、「肉体に宿って心の探究をしているがゆえに、心を鍛えることができるのだ」ということ。

「心を鍛えるということの延長上に、悟《さと》りがあるのだ」ということ。

そして、「悟りというものは、実は、宇宙を普遍《ふへん》に生き抜《ぬ》くための大切な力なのだ」ということだし、「悟りの塊《かたまり》が、実は神なのだ」ということなのです。

質問者Ａ　やはり、「地球人として肉体に宿っていると、そういう修行場《しゅぎょうば》としての利点もあるのだ」と。

ヤイドロン　まあ、そのへんも考えたほうがいい。畳《たたみ》の上で水泳の訓練をしても効かないでしょう？　プールのなかで泳いで、海のなかで泳いで、初めて本当の泳ぎというものをマスターすることが……。畳の上でいくらやっても、それは泳ぎの練習にはならないでしょう。知識で読んだだけでも、ならないでしょう。

やっぱり、実際に経験しなくてはいけない。

肉体に宿ることで、「肉体とは別の、心という存在が自分だ」と理解できるようになることが非常に貴重なことで、それを理解できない人たちが唯物論者《ゆいぶつろんしゃ》になっているんです。

質問者A　分かりました。

ヤイドロン　その唯物論者である人たちが、「自分たちは頭がいい。賢《かしこ》い」と思っている。「これが、現代の混迷《こんめい》の原因だ」ということです。

質問者A　はい。

粘《ねば》り強く、少しずつ人類を導いていく必要がある

質問者A　二日にわたって、本当にありがとうございました。

ヤイドロン　まあ、すごく悲観的に聞こえたかもしれませんが、私だって機嫌《きげん》がよくなるときもあるんですよ。そういう時期が来ることを祈《いの》りたいと思います。

質問者A　はい。

ヤイドロン　今、ちょっとね。ここ二、三年、いろいろと言っていますけど、ちょっと「暖簾《のれん》に腕押《うでお》し」という感じはしますね。

質問者A　「暖簾に腕押し」ですよね。

ヤイドロン　私たちが露出《ろしゅつ》を増やせば、みんなが信じるかといったら、必ずしもそうでもないところがあってね。「宗教的な現象の間に少しずつ差し込《こ》みながら、慣らしていくしかない」という状況《じょうきょう》です。

質問者A　いえ、本当に、いつも、黒子《くろこ》ではないですけど、それに近いかたちで支えていただいて、心から感謝申し上げます。

質問者C　ありがとうございます。

ヤイドロン　パンダのね、ぬいぐるみの白のところがあなたでね、黒のところが私なんですよ。

質問者A　いえ、そんなことはないですよ（笑）。でも、見えないところで本当に力を貸してくださって感謝申し上げます。そして、十分、私より愛深きご存在です。

ヤイドロン　いえいえ。ただ、あなたはね、単純で、ストレートでね、怒《おこ》りっぽくて、機嫌がすぐ悪くなるタイプではあるけれども……。

質問者A　（笑）

ヤイドロン　その単純さがね、私たちにとっては便利なところもあるので。単純に乗ってくるときには、ちゃんと共同して作業できるし、怒っているときは遠ざかればいいだけのことなので。

質問者A　（笑）

ヤイドロン　まあ、便利は便利です。複雑思考をする方は難しいところがあるので。

質問者Ａ　ちょっと小賢しくいろいろやるとか、利用しようとするとか。

ヤイドロン　そうです。ええ。

質問者Ａ　そういうのは、よくないですね。

ヤイドロン　ただ、少しずつ人類全体を導いていく必要はあると思いますよ。粘《ねば》り強くやるしか方法はないので。はあ……（ため息）、しかたがないですね。

コロナの時代にしなければいけない〝仕込《しこ》み〟もある

ヤイドロン　だから、「お籠《こ》もり」をして、宇宙の声を聴《き》いたりしていると、本当に〝神そのもの〟になってしまうかもしれませんが。

弟子《でし》たちは、どんどん距離《きょり》ができていくことは悲しいことだろうけど、しかたがないですよね。「救世主の時間」を奪《うば》ってはいけないので。

質問者Ａ　そうなんです。「私たち弟子は、今後、主とますます距離が開《あ》いていくことを覚悟《かくご》しておかなければならないのかな」という感じがしています。

ヤイドロン　イエスだって、数千人の群衆に囲まれて説法《せっぽう》をしたり、奇跡《きせき》を起こしたりしても、すぐ湖を渡《わた》って、山に籠もったりしていますよね。

独《ひと》りにならないと、私たちと話すことはできないのでね。本来の心を忘れてしまうことになるので。ある意味での、「隠《かく》れる」ということも大事。「現れている」ことも大事ですけれども。

まあ、コロナの時代にしなければいけない〝仕込《しこ》み〟というものもあるだろうから。そうした時代に、普通はできないことをやればいいわけで。「宇宙の情報探索《たんさく》」なんていうのは、いい時期なんじゃないかとは思っているんですけどね。

質問者A　なるほど。来年（二〇二一年）は、いよいよ映画「宇宙の法2《ツー》」●が公開されます。

ヤイドロン　そうですね。だから、みなさんが常識で思うもののレベルを上げてくれれば、さらに、いろいろと畳《たた》み掛《か》けることは可能になります。

質問者A　はい。今後とも、どうぞ……。（笑）何と言ったらいいんでしょう？

●「宇宙の法2」　映画「宇宙の法」シリーズのPartⅡに当たる「宇宙の法―エローヒム編―」（製作総指揮・大川隆法、2021年公開予定）のこと。

今後とも、どうぞ……、絶望を通り越《こ》して、見守っていただけるとありがたいです。

ヤイドロン　ええ。だから、この世があまりにつらくなったらね、私が〝宇宙人会員〟を募《つの》りますから。「幸福の科学宇宙の会」というものをつくりますから。

質問者A　なるほど。それは素晴《すば》らしい。

ヤイドロン　ええ。地球人だけじゃないので。

質問者A　「地球の神」から、どんどん、総裁先生の「宇宙の神」としての側面が出てきているのかもしれないとは思います。

ヤイドロン　その代わり、地球のね、日本だけでない全世界の、いわゆるインテリとか知識層とかいわれるものすべてを敵に回さなければいけない時期が来ますので。

質問者Ａ　なるほど。

ヤイドロン　このへんが難しいところですね。この世の学問では、とても到達《とうたつ》できないので。

質問者Ａ　届かない。

ヤイドロン　まあ、「方便《ほうべん》の時代」は続くかもしれませんが、どの程度、露出して、どの程度で仕事納めにするか、全体で、私たち宇宙の側近が考えております。

質問者Ａ　はい。分かりました。

ヤイドロン　はい。以上でした。

質問者一同　ありがとうございました。

あとがき

もう四十年近く、不思議の世界と知的格闘《ちてきかくとう》をしてきた。地球系霊団の最上界から、地獄界の最深部まで、数千人の霊人たちと対話を重ねてきた。十年ほど前から、宇宙人たちの考えを伝える仕事も開始した。無明《むみょう》の中にある人々にとっては、「ありえない。」ことだろう。

だが私自身は、あくまでも、知的で、合理的で、科学的な人間でもある。初期の著書（『太陽の法』等）から、宇宙人の存在や、過去の文明にも彼らが飛来したこと、現代人の中にも、宇宙人の子孫や、ハイブリッドの子孫がいることを伝えてきた。

本書は、宇宙人の側《がわ》から、大川隆法の使命を明かした本である。そして人類が宇宙の最高度に進化した仲間と交流するための条件が書かれている。書いてあることは、全《すべ》て事実である。宇宙存在と交信する方法は、「霊言《れいげん》」とほぼ同じシステムである。

二〇二〇年　八月三十日

幸福《こうふく》の科学《かがく》グループ創始者兼総裁《そうししゃけんそうさい》　大川隆法《おおかわりゅうほう》

『ウィズ・セイビア　救世主とともに』関連書籍

『太陽の法』（大川隆法 著　幸福の科学出版刊）
『青銅の法』（同右）
『ザ・コンタクト』（同右）
『イエス　ヤイドロン　トス神の霊言』（同右）
『メタトロンの霊言』（同右）
『UFOリーディングⅠ』（同右）
『「UFOリーディング」写真集』（同右）
『魔法と呪術の可能性とは何か
　　――魔術師マーリン、ヤイドロン、役小角の霊言――』（同右）
『大中華帝国崩壊への序曲――中国の女神 洞庭湖娘娘、泰山娘娘
　　／アフリカのズールー神の霊言――』（同右）

ウィズ・セイビア　救世主《きゅうせいしゅ》とともに

―宇宙存在ヤイドロンのメッセージ―

2020年9月8日　初版第1刷
2020年12月18日　第2刷

著　者　大《おお》川《かわ》隆《りゅう》法《ほう》

発行所　幸福の科学出版株式会社

〒107-0052 東京都港区赤坂2丁目10番8号
TEL(03)5573-7700
https://www.irhpress.co.jp/

印刷・製本　株式会社 堀内印刷所

落丁・乱丁本はおとりかえいたします

ISBN978-4-8233-0216-9 C0030

大川隆法ベストセラーズ・主エル・カンターレの真実

太陽の法

エル・カンターレへの道

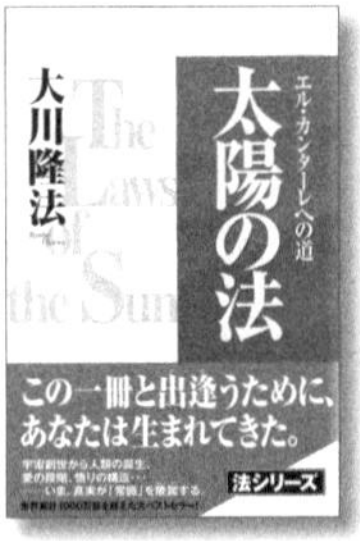

創世記や愛の段階、悟りの構造、文明の流転を明快に説き、主エル・カンターレの真実の使命を示した、仏法真理の基本書。14言語に翻訳され、世界累計1000万部を超える大ベストセラー。

2,000円

信仰の法

地球神エル・カンターレとは

さまざまな民族や宗教の違いを超えて、地球をひとつに――。文明の重大な岐路に立つ人類へ、「地球神」からのメッセージ。

2,000円

幸福の科学の十大原理（上巻・下巻）

世界140カ国以上に信者を有する「世界教師」の初期講演集が新装復刻。幸福の科学の原点であり、いまだその生命を失わない救世の獅子吼が、ここに甦る。

各1,800円

永遠の仏陀

不滅の光、いまここに

すべての者よ、無限の向上を目指せ――。大宇宙を創造した久遠仏が、生きとし生ける存在に託された願いとは。

1,800円

※表示価格は本体価格（税別）です。

大川隆法霊言シリーズ・正義の神・ヤイドロン

イエス　ヤイドロン トス神の霊言

神々の考える現代的正義

香港デモに正義はあるのか。LGBTの問題点とは。地球温暖化は人類の危機なのか。中東問題の解決に向けて。神々の語る「正義」と「未来」が人類に示される。

1,400円

魔法と呪術の可能性とは何か

魔術師マーリン、ヤイドロン、役小角の霊言

英国史上最大の魔術師と、日本修験道の祖が解き明かす「スーパーナチュラルな力」とは？ 宗教発生の原点、源流を明らかにし、唯物論の邪見を正す一書。

1,400円

中国発・新型コロナウィルス感染 霊査

中国から世界に感染が拡大する新型ウィルスの真相に迫る！ その発生源や"対抗ワクチン"とは何かなど、宇宙からの警告とその背景にある天意を読み解く。

1,400円

「UFOリーディング」写真集

謎の発光体の正体に迫る

2018年夏、著者の前に現れた60種類を超えるUFO。写真はもちろん、彼らの飛来の目的や姿等の詳細なリーディングが詰まった、衝撃の一書。

1,500円

大川隆法 ベストセラーズ・混迷の時代を生き抜くために

新しき繁栄の時代へ

地球にゴールデン・エイジを実現せよ

アメリカとイランの対立、中国と香港・台湾の激突、地球温暖化問題、国家社会主義化する日本——。混沌化する国際情勢のなかで、世界のあるべき姿を示す。

1,500円

人の温もりの経済学

アフターコロナのあるべき姿

世界の「自由」を護り、「経済」を再稼働させるために——。コロナ禍で蔓延する全体主義の危険性に警鐘を鳴らし、「知恵のある自助論」の必要性を説く。

1,500円

コロナ不況下の
サバイバル術

恐怖ばかりを煽るメディア報道の危険性や問題点、今後の経済の見通し、心身両面から免疫力を高める方法など、コロナ危機を生き延びる武器となる一冊。

1,500円

米大統領選
バイデン候補とトランプ候補の
守護霊インタビュー

親中思想のバイデン氏か、神の正義を貫くトランプ氏か？ 2人の候補者の本心を独占インタビュー。メディアでは知り得ない米大統領選の真実がここに。

1,400円

※表示価格は本体価格（税別）です。

大川隆法シリーズ・最新刊

人として賢く生きる

運命を拓く真実の信仰観

正しい霊的人生観を持たなければ、本当の幸せはつかめない──。人生を充実させ、運命を好転させ、この国の未来を繁栄させるための「新しい智慧の書」。

1,500円

悟りを開く

過去・現在・未来を見通す力

自分自身は何者であり、どこから来て、どこへ往くのか──。霊的世界や魂の真実、悟りへの正しい修行法、霊能力の真相等、その真髄を明快に説き明かす。

1,500円

自助論の精神

「努力即幸福」の境地を目指して

運命に力強く立ち向かい、「努力即幸福」の境地へ──。嫉妬心や劣等感の克服、成功するメカニカルな働き方等、実践に裏打ちされた珠玉の人生訓を語る。

1,600円

文豪たちの明暗

太宰治、芥川龍之介、
坂口安吾、川端康成の霊言

日本を代表する４人の作家たちの死後の行方とは？「光の芸術」と「闇の芸術」の違い、作品の価値観が天国と地獄のどちらに属するかを見抜くための入門書。

1,400円

一度だけ、泣いた女。
美しき誘惑
〜現代の「画皮」〜
製作総指揮・原作／大川隆法
長谷川奈央　市原綾真　芦川よしみ　モロ師岡　矢部美穂　中西良太　デビット伊東　千眼美子（特別出演）　杉本彩　永島敏行
監督／赤羽博 音楽／水澤有一 脚本／大川咲也加 製作／幸福の科学出版 製作協力／ニュースター・プロダクション ARI Production
制作プロダクション／ジャンゴフィルム 配給／日活 配給協力／東京テアトル ©2021 IRH Press
2021年5月14日(金) ロードショー
utsukushiki-yuwaku.jp

幸福の科学グループのご案内

宗教、教育、政治、出版などの活動を通じて、地球的ユートピアの実現を目指しています。

幸福の科学

一九八六年に立宗。信仰の対象は、地球系霊団の最高大霊、主エル・カンターレ。世界百四十カ国以上の国々に信者を持ち、全人類救済という尊い使命のもと、信者は、「愛」と「悟り」と「ユートピア建設」の教えの実践、伝道に励んでいます。

（二〇二〇年十二月現在）

愛

幸福の科学の「愛」とは、与える愛です。これは、仏教の慈悲《じひ》や布施《ふせ》の精神と同じことです。信者は、仏法真理をお伝えすることを通して、多くの方に幸福な人生を送っていただくための活動に励んでいます。

悟り

「悟り」とは、自らが仏の子であることを知るということです。教学《きょうがく》や精神統一によって心を磨き、智慧《ちえ》を得て悩みを解決すると共に、天使・菩薩《ぼさつ》の境地を目指し、より多くの人を救える力を身につけていきます。

ユートピア建設

私たち人間は、地上に理想世界を建設するという尊い使命を持って生まれてきています。社会の悪を押しとどめ、善を推し進めるために、信者はさまざまな活動に積極的に参加しています。

国内外の世界で貧困や災害、心の病で苦しんでいる人々に対しては、現地メンバーや支援団体と連携して、物心両面にわたり、あらゆる手段で手を差し伸べています。

年間約２万人の自殺者を減らすため、全国各地で街頭キャンペーンを展開しています。

公式サイト **www.withyou-hs.net**

自殺防止相談窓口

受付時間　火～土:10～18時（祝日を含む）

TEL **03-5573-7707**　メール **withyou-hs@happy-science.org**

ヘレン・ケラーを理想として活動する、ハンディキャップを持つ方とボランティアの会です。視聴覚障害者、肢体不自由な方々に仏法真理を学んでいただくための、さまざまなサポートをしています。

公式サイト **www.helen-hs.net**

入会のご案内

幸福の科学では、大川隆法総裁が説く仏法真理《ぶっぽうしんり》をもとに、「どうすれば幸福になれるのか、また、他の人を幸福にできるのか」を学び、実践しています。

入会

仏法真理を学んでみたい方へ

大川隆法総裁の教えを信じ、学ぼうとする方なら、どなたでも入会できます。入会された方には、『入会版「正心法語《しょうしんほうご》」』が授与されます。

ネット入会　入会ご希望の方はネットからも入会できます。

happy-science.jp/joinus

三帰《さんき》誓願《せいがん》

信仰をさらに深めたい方へ

仏弟子としてさらに信仰を深めたい方は、仏《ぶっ》・法《ぽう》・僧《そう》の三宝《さんぽう》への帰依を誓う「三帰誓願式」を受けることができます。三帰誓願者には、『仏説・正心法語』『祈願文《きがんもん》①』『祈願文②』『エル・カンターレへの祈り』が授与されます。

幸福の科学 サービスセンター
TEL 03-5793-1727（受付時間/火～金:10～20時 土・日祝:10～18時（月曜を除く））

幸福の科学 公式サイト
happy-science.jp

ハッピー・サイエンス・ユニバーシティ

Happy Science University

ハッピー・サイエンス・ユニバーシティとは

ハッピー・サイエンス・ユニバーシティ（HSU）は、大川隆法総裁が設立された「現代の松下村塾」であり、「日本発の本格私学」です。建学の精神として「幸福の探究と新文明の創造」を掲げ、チャレンジ精神にあふれ、新時代を切り拓く人材の輩出を目指します。

人間幸福学部　経営成功学部　未来産業学部

HSU長生キャンパス TEL 0475-32-7770
〒299-4325 千葉県長生郡長生村一松丙 4427-1

未来創造学部

HSU未来創造・東京キャンパス
TEL 03-3699-7707
〒136-0076 東京都江東区南砂2-6-5　公式サイト happy-science.university

学校法人 幸福の科学学園

学校法人 幸福の科学学園は、幸福の科学の教育理念のもとにつくられた教育機関です。人間にとって最も大切な宗教教育の導入を通じて精神性を高めながら、ユートピア建設に貢献する人材輩出を目指しています。

幸福の科学学園

中学校・高等学校（那須本校）
2010年4月開校・栃木県那須郡（男女共学・全寮制）
TEL 0287-75-7777 公式サイト happy-science.ac.jp

関西中学校・高等学校（関西校）
2013年4月開校・滋賀県大津市（男女共学・寮及び通学）
TEL 077-573-7774 公式サイト kansai.happy-science.ac.jp

仏法真理塾「サクセスNo.1」

全国に本校・拠点・支部校を展開する、幸福の科学による信仰教育の機関です。小学生・中学生・高校生を対象に、信仰教育・徳育にウエイトを置きつつ、将来、社会人として活躍するための学力養成にも力を注いでいます。

TEL 03-5750-0751（東京本校）

エンゼルプランV

東京本校を中心に、全国に支部教室を展開しています。信仰に基づいて、幼児の心を豊かに育む情操教育を行っています。また、知育や創造活動を通して、子どもの個性を大切に伸ばし、天使に育てる幼児教室です。

TEL 03-5750-0757（東京本校）

不登校児支援スクール「ネバー・マインド」

TEL 03-5750-1741

心の面からのアプローチを重視して、不登校の子供たちを支援しています。

ユー・アー・エンゼル！（あなたは天使！）運動

障害児の不安や悩みに取り組み、ご両親を励まし、勇気づける、障害児支援のボランティア運動を展開しています。

一般社団法人 ユー・アー・エンゼル
TEL 03-6426-7797

NPO活動支援

学校からのいじめ追放を目指し、さまざまな社会提言をしています。また、各地でのシンポジウムや学校への啓発ポスター掲示等に取り組む一般財団法人「いじめから子供を守ろうネットワーク」を支援しています。

公式サイト mamoro.org　ブログ blog.mamoro.org
相談窓口 TEL.03-5544-8989

百歳まで生きる会

「百歳まで生きる会」は、生涯現役人生を掲げ、友達づくり、生きがいづくりをめざしている幸福の科学のシニア信者の集まりです。

シニア・プラン21

生涯反省で人生を再生・新生し、希望に満ちた生涯現役人生を生きる仏法真理道場です。定期的に開催される研修には、年齢を問わず、多くの方が参加しています。
全世界212カ所（国内197カ所、海外15カ所）で開校中。

【東京校】 TEL 03-6384-0778　FAX 03-6384-0779
メール senior-plan@kofuku-no-kagaku.or.jp

幸福実現党

内憂外患《ないゆうがいかん》の国難に立ち向かうべく、2009年5月に幸福実現党を立党しました。創立者である大川隆法党総裁の精神的指導のもと、宗教だけでは解決できない問題に取り組み、幸福を具体化するための力になっています。

幸福実現党 釈量子サイト **shaku-ryoko.net**

Twitter **釈量子@shakuryokoで検索**

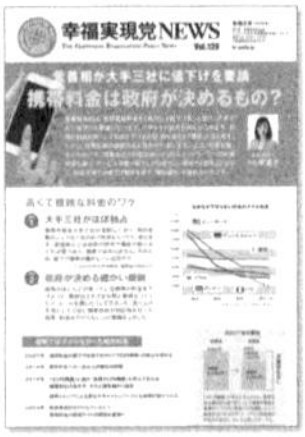

党の機関紙
「幸福実現党NEWS」

幸福実現党 党員募集中

あなたも幸福を実現する政治に参画しませんか。

- ◯幸福実現党の理念と綱領、政策に賛同する18歳以上の方なら、どなたでも参加いただけます。
- ◯党費:正党員(年額5千円[学生 年額2千円])、特別党員(年額10万円以上)、家族党員(年額2千円)
- ◯党員資格は党費を入金された日から1年間です。
- ◯正党員、特別党員の皆様には機関紙「幸福実現党NEWS(党員版)」(不定期発行)が送付されます。

＊申込書は、下記、幸福実現党公式サイトでダウンロードできます。

住所:〒107-0052 東京都港区赤坂2-10-8 6階 幸福実現党本部

TEL **03-6441-0754** FAX **03-6441-0764**

公式サイト **hr-party.jp**

幸福の科学出版

大川隆法総裁の仏法真理の書を中心に、ビジネス、自己啓発、小説など、さまざまなジャンルの書籍・雑誌を出版しています。他にも、映画事業、文学・学術発展のための振興事業、テレビ・ラジオ番組の提供など、幸福の科学文化を広げる事業を行っています。

アー・ユー・ハッピー？
are-you-happy.com

ザ・リバティ
the-liberty.com

幸福の科学出版
TEL **03-5573-7700**
公式サイト **irhpress.co.jp**

THE FACT **ザ・ファクト**
マスコミが報道しない
「事実」を世界に伝える
ネット・オピニオン番組

ザ・ファクト 検索

NEW STAR PRODUCTION

ニュースター・プロダクション

「新時代の美」を創造する芸能プロダクションです。多くの方々に良き感化を与えられるような魅力あふれるタレントを世に送り出すべく、日々、活動しています。 公式サイト **newstarpro.co.jp**

ARI Production

ARI《アリ》 Production《プロダクション》

タレント一人ひとりの個性や魅力を引き出し、「新時代を創造するエンターテインメント」をコンセプトに、世の中に精神的価値のある作品を提供していく芸能プロダクションです。 公式サイト **aripro.co.jp**